습관은 반드시 실천할 때 만들어 집니다.

결국엔, 자기 발견

최호진 지음

어디로 가야 할지 모를 때
하고 싶은 일 100가지
버킷리스트 쓰기

좋은습관연구소

버킷리스트 소개

1. 딱 1년 동안 하고 싶은 일 100가지를 써본 적 있나요?

2. 100가지씩이나? 그런데 희한하게도 쓰다 보면 내가 보입니다. 매일 회사 가는 일이 죽기보다 힘든 이유도, 내가 뭘 좋아하는 사람인지도 보입니다.

3. 사람들은 의외로 자신이 뭘 좋아하고, 뭘 잘하는지 잘 모릅니다. 왜냐하면 그동안 남들을 쫓아서 남들의 시선으로 남들이 세운 기준에 맞춰 살아왔기 때문이죠.

4. 그러다 우리는 어떤 결정적 장면에서 "사는 게 이

게 아니구나"를 깨닫고 방황을 시작합니다. (제가
보니까 보통 마흔을 넘어가기 직전에 이런 일을
겪는 것 같습니다.)

5. 하지만 어떻게 하면 방황의 시간을 끝낼 수 있는
지 어떻게 하면 인생의 로드맵을 다시 그릴 수 있
는지 해결 방법은 잘 모릅니다.

6. 책을 읽어도, 멘토링을 받아도, 커뮤니티에 참여
해도, SNS를 뒤져봐도 나보다 잘사는 타인만 보
이지 내가 가야 할 길을 딱! 하고 알려주는 곳은
없습니다.

7. 어쩌면 당연한 것인지도 모르겠습니다. 그들과 나
는 가진 달란트도 다르고, 전혀 다른 존재인데 누
가 나의 문제를 해결해 주겠습니까? 스스로 해야
겠죠.

8. 그렇다면 제가 말씀드리는 방법은 어떨까요? 일
단 노트를 펴고 일 년 안에 해보고 싶은 일 100가
지를 써보는 겁니다.

9. 그게 내 일과 관련된 거 든, 내 취미와 관련된 거
든, 오로지 나에게만 집중해서 하고 싶은 일을 써

보는 겁니다.

10. 어떻게 100개나 쓰지? 처음에는 막막할 겁니다. 하지만 하고 싶은 일을 짜내고 짜내다 보면 이렇게 내가 하고 싶은 일이 없는 사람이었나 생각이 들기도 하고, 난 그동안 무엇을 좋아했던 사람이지, 학창 시절이 생각나기도 합니다. 그리고 어떤 장면에서 난 행복했지 이런 생각도 다시 하게 됩니다.

11. "아! 나는 이런 걸 중요하게 생각하는 사람이고, 이런 걸 할 때 기쁨을 느끼는 사람이구나."

12. 이렇게 깨닫기 시작하는 순간이 바로 자기 발견의 시작점입니다.

13. 그 다음은 내 삶이 바뀌기 시작하고, 지긋지긋하던 직장 생활도 재밌어집니다.

14. 저는 어땠냐고요? 저도 회사 가기가 죽기보다 싫었지만 지금은 그렇지 않습니다. 일의 의미, 삶의 의미를 모두 되찾았습니다.

15. 어떻게 찾았는지는 이 책을 통해서 확인해 보시기 바랍니다.

16. 대신 이것만은 한 번 더 말할게요.

17. 일 년 안에 하고 싶은 일 100가지 적기를 매년 해보세요. 습관처럼 말입니다. 매년 하다 보면 내가 원하는 삶에 좀 더 가까워지고 있다는 걸 알 수 있습니다.

18. 이렇게 1년, 2년, 3년 계속해서 버킷리스트를 쓰다 보면 이게 진짜 내 인생의 버킷리스트구나 하는 생각이 듭니다.

19. 처음부터 버킷리스트를 완벽하게 적는 건 불가능합니다. 이런 과정이 진짜 죽기 전에 반드시 해야 할 나만의 버킷리스트를 만들 수 있게 도와줍니다.

20. 그래서 저는 '하고 싶은 일 100가지 쓰기'를 매년 한 번씩 해볼 것을 추천드립니다.

21. 그러면 결과적으로 남들이 정한 행복이 아닌 내가 정한 행복으로 '자기 주도 인생 설계'를 할 수 있습니다.

22. 어떤가요? 충분히 만들어 볼 만한 좋은 습관 아닌가요?

버킷리스트 쓰기

1. 1년 안에 하고 싶은 일(버킷) 100가지 쓰기.

2. 처음부터 100가지를 모두 쓰려면 힘이 듭니다. '연습' 삼아 30가지부터 미리 써보세요.

3. 30가지를 무사히 잘 썼다면, 이제 본격적으로 하고 싶은 일 100가지, 버킷 쓰기를 해봅니다.

4. 맨 먼저 3년 뒤 내 모습을 그려봅니다. 어떤 사람이 되어 있을지 상상하고, 그것을 이루기 위해 앞으로 1년 동안 무엇을 하는 게 좋을지 생각해봅니다.

5. 이 생각을 바탕으로 버킷 100개 쓰기를 시작합니

다. 이때 아무런 제약 없이 떠오르는 대로 써보는 것이 중요합니다.

6. 버킷에는 한계를 둘 필요가 없습니다. 남들이 봤을 때 실현 불가능해 보이는 것도 괜찮고, 뭐 이런 것까지 쓰나 싶은 작고 소소한 것이어도 괜찮습니다.

7. 그리고 이것만큼은 반드시 실천해보고 싶다는 것은 구체적이고 세세하게 그리고 측정 가능하게 씁니다.

8. 그리고 숫자를 써서 버킷을 작성하게 되면, 나중에 실천 여부를 쉽게 체크할 수 있습니다. 연말쯤이면 실행력이 올라가는 것도 알 수 있습니다.

9. 버킷 100개 쓰기를 완료했다면 전체를 리뷰하면서 올 한 해 동안 "나는 이런 사람입니다" 이렇게 나를 정의해 봅니다.

10. 키워드는 버킷을 실천하는 내 모습, 버킷을 통해 바뀌는 내 모습입니다.

11. 이제는 본격적인 실행 단계입니다. 하고 싶은 일 100가지를 쓰는 것도 어렵지만, 100가지를 실천

한다는 것은 더 어려운 일입니다.

12. 이미 버킷을 쓰면서 생각했겠지만, 100가지 모두를 실천한다는 것은 불가능한 일입니다. 그래서 모두 완료해야 한다는 강박증을 가질 필요는 없습니다.

13. 대신, 꼭 하고 싶은 것, 중요하고 의미 있는 것, 당장 실행에 옮길 수 있는 것, 이렇게 종류별로 세가지 버킷을 각각 뽑아봅니다. 이 3-3-3 버킷은 반드시 기억해두고 꼭 실천하기를 약속합니다.

14. 나머지 버킷들은 잊어도 무방합니다. (하지만 우리의 무의식이 기억했다가 실천을 도와줄 겁니다.)

15. 만약 버킷 쓰기를 같이 한 사람이 있다면 버킷 실천 모임을 만들어서 서로 응원하며 실천을 격려해도 좋습니다. 당연한 얘기겠지만 실천력이 올라갑니다.

16. 버킷을 실행해가는 과정에서 처음 생각과 다르게 열심히 한 것, 반대로 미루거나 안 하게 된 것, 이런 버킷이 있습니다.

17. 이런 버킷을 냉철히 살펴보면, 좀 더 정확한 자기 발견을 할 수 있습니다. 해가 바뀔 때쯤 이를 점검하고 연초와 달라진 나의 욕구와 의지를 한 번 더 확인합니다. 그러면서 다음 해 버킷 쓰기를 다시 시작합니다.

18. 당연히 좀 더 '나다움'(좋아하는 일, 잘하는 일을 하고 있는 나)에 가까운 버킷들이 이듬해보다 훨씬 많아졌을 겁니다.

19. 이제 남은 일은 버킷 쓰기를 매년 습관처럼 반복하는 것입니다.

20. 그렇게 하다 보면 내 인생을 내가 원하는 대로 행복하게 잘 살 수 있습니다.

버킷리스트 추천

~~~~~~~

저만 그럴 수도 있지만, 대부분 루틴화 된 삶을 살면서 재미없는 인생이라고 생각하며 살아갑니다. 어려서는 학교-집-학교, 어른이 되어서는 회사-집-회사. 그런데 하고 싶은 일 100가지를 쓴 버킷리스트는 재미없다고 생각한 삶을 재미있게 만들어주었습니다. 덕분에 제 삶의 방향성이 많이 달라졌습니다.

김동환, 스타트업 직장인

인간은 원래 욕망 덩어리잖아요, 그런데 참 희한하게도 먹고 마시고 잠자고 하는 것 말고, 좀 더 철학적 의미로 내가 뭘 원하는지 뭘 욕망하는지는 그동안 물어볼 기회가 없었던 것 같아요. 그런데 호진님을 만나고, 버킷 쓰기를 함께 하면서 나에 대해서 아주 깊고 꼼꼼하게 질문해보는 시간을 가질 수 있었어요. **김유정, 외국계 기업 직장인**

하고 싶은 일 10가지 쓰는 것, 나아가 50가지 쓰고 100가지를 쓰는 것, 엄청난 차이가 있다. 처음의 10가지와 마지막 10가지 내용을 비교해보면 그 차이를 금방 알 수 있다. 결국, 마지막에 쓴 10가지를 통해 '나'라는 사람의 가치와 나에게 소중한 사람들이 누구인지를 알게 된다. **최경희, 벤처투자사 파트너**

지금 내가 딛고 있는 발밑을 유심히 보는 것도 중요하지만 내가 어디로 가고 있는지 방향 감각을 유지하는 것은 더 중요하다. 그런 의미에서 하고 싶은 일 100가지를 담은 버킷리스트는 앞으로 내가 내딛어야 할 곳이 어떤 곳인지 잘 알려준다. **록담 백영선, 프리워커**

나도 모르던 나를 만나는 기회. 하고 싶은 일 100가지

쓰기의 경험은 신기하고 기적 같은 일들을 만들어 낸
다. 사업을 정리하고 한없이 추락하다 망망대해에서 키
없이 헤매던 나에게 100가지 쓰기는 무언가 중심을 잡
아주는 묘한 경험을 제공해 주었다. 그러면서 가족도
생각하고, 그동안 살아온 인생도 생각하고, 저 밑에 팽
개쳐 두었던 꿈도 다시 생각하게 됐다. 나를 잃어버리
고 방황하던 시기, 나에게 나침반이 되어주었다.

유비, 1인 기업가

버킷리스트 쓰기는 나 자신을 돌아보는 시간이었다.
100개의 버킷을 써내려가면서 나를 찾는다는 것이 그
리 거창한 일이 아님을 알게 되었다. 그저 내가 무엇을
꿈꾸고 무엇을 좋아하는 지, 내 취향을 알아가는 것만
으로도 충분했다. 최호진 작가와 버킷리스트를 작성한
지 3년째, 이제 그 속에서 새로운 가능성을 발견하게
될지도 모른다는 생각에 가슴이 뛴다. **구혜은, 주부 작가**

하고 싶은 일을 100가지나 쓰면서 그동안 잊고 있었던
나 자신의 욕망과 마음의 목소리에 귀를 기울일 수 있

어서 좋았습니다. 그리고 새로운 꿈을 발견하기도 했습니다. 마치 어린 시절 다락방 일기장에 적어놓았던 소중한 꿈을 다시 찾은 느낌입니다. **허윤, 스타트업 대표**

묵묵히 나와 인생을 함께 걷는 동반자 같은 느낌이 좋습니다. 연말이 되면 100개의 버킷이 어떻게 저에게 중요하게 작용했고, 어떤 가치관의 변화를 일으켰는지 알게 됩니다. 자신이 그동안 걸어온 길, 앞으로 걸어나갈 길이 궁금하신 분들에게 꼭 추천해 드립니다.

박다영, 취업준비생

여러 가지 이유로 꿈을 접어야 했고, 꿈이라는 말조차 입 밖으로 꺼내기 어려운 시간이 있었습니다. 그런데 하고 싶은 것, 소망하는 것, 꿈꿔왔던 것들을 당당하게 밝히고 적어 내려가고, 하나씩 실천해나가는 모임이 있다고 이야기 들었을 때 머리를 쿵! 하고 얻어맞는 기분이었습니다. **한정혜, 크리에이터**

버킷 100개를 쓰는 것만으로도 의미가 있다. 딱 한 번

사는 인생에서 내가 진정 원하고 이루고 싶은 것이 무엇인지 질문하고 답하는 시간이 되기 때문이다. 나는 병원에서 아픈 사람을 돌보는 일을 한다. 버킷리스트 워크숍을 약간 변형하여 환자 심리 치료 시간에 적용해보았다. 환자들은 자신이 가치 있다고 생각하는 것을 확인하는 것만으로도 삶의 의욕을 되찾았다.

장윤호, 작업치료사

호진님과 함께 2019년을 시작하며 귤밭이 보이는 제주 카페에 앉아 스스로에게 질문하며 버킷 100개를 써 내려가던 날이 생생히 기억납니다. 나 자신과 대화하지 않고 살아왔던 것 만큼이나 나를 위해서도 살지 못했다는 아쉬움을 확인하는 시간이었습니다. 그러면서 나를 이해하게 된 소중한 시간이기도 했습니다. 지금도 마음이 힘들 때면 그때를 떠올립니다.

최명화, 스타트업 부대표

남들이 정한 행복이 아닌
내가 정한 행복으로

대학 때부터 같은 꿈을 꾼 친구가 있었다. 우리는 아나운서가 되고 싶었다. 그래서 함께 공부도 하고 면접 준비도 했다. 하지만 아쉽게도 친구도 나도 아나운서의 꿈을 이루진 못했다. 그리고는 공교롭게도 둘 다 금융권에 취직했다.

동병상련이었을까? 우리는 직장 생활을 하다 힘이 들 때면 서로를 찾아 아나운서에 대한 꿈을 아쉬워했고, 회사에 대한 불만을 털어놓기 시작했다. 누구에게나 찾아오는 직장 생활에 대한 스트레스와 회의감 같은 것이었다. 그렇게 우리는 평범한 직장인이 되어갔다.

그 사이 나는 버킷리스트를 알게 되고, 변화와 성장이라는 내 마음속 깊은 갈망을 알게 되었다. 그러면서 책을 읽고 다양한 도전을 해나가며 여러 가지 생각의 변화를 맞이했다. 그것은 나에게 무척 고무적인 일이었다. 그 후론 아나운서에 대한 아쉬움도 직장에서 받는 스트레스도 과거의 일이 되었다. 마치 안개가 걷히고, 햇빛이 내려앉은 길을 걷는 기분이었다.

내가 그랬던 것처럼 친구도 뭔가 변화의 과정을 겪기 바랐다. 그래서 나는 친구에게 잔소리를 하기 시작했다. 내가 했던 것처럼 '새로운 사람을 만나라, 독서모임에 참여해 봐라, 달리기를 해 봐라' 등등. 내가 힘이 들 때 나를 위로해주고 힘을 줬던 것들을 친구에게도 권했다. 하지만 친구는 내가 조언한 대로 움직이지 않았다. 아니 알고는 있지만 행동으로 옮기지 못했다. 나와 이야기할 때는 해보고 싶다는 생각이 들다가도 막상 해 보려고 하면 잘 안 된다고 했다.

친구 입장에서는 자신이 좋아하는 것이 아닌 내가 좋아하는 것들을 해보라고 했으니 어쩌면 당연한 일이었다. 나는 내가 겪은 그대로 '하고 싶은 일 100가지 쓰기'부터 해보면 좋겠다는 생각이 들었다. 하지만 오히려 가까운 사이라 그런지 쉽사리 친구에게 버킷 쓰기를 해보라고 말하지 못했다. 어디서부터 어떻게 설명해야 할지 몰랐다. 버킷 100개를 썼던 경험과 그것이 주는 의미를 쉽게 설명한다는 게 어렵게만 느껴졌다.

고민 끝에 나는 버킷 쓰기에 대해 말이 아닌 글로 정리해보기로 했다. 글로써 체계적인 정리를 한다면 친구는 물론이고 비슷한 고민을 안고 있는 다른 직장인들에게도 도움을 줄 수 있을 것 같았다. 그래서 나는 내가 버킷 쓰기를 하게 된 개인적인 과정과 그것으로 얻은 것들 그리고 버킷 쓰기 방법에 대해서 하나씩 글로 쓰기 시작했다. 이 책은 그렇게 시작되었다.

직장 생활에 지치고 미래가 보이지 않아서, 쉼 없이 굴러가는 거대한 톱니바퀴의 부속품처럼 스스로가 생각되어서, 이런 삶을 앞으로도 언제까지 계속해야 할지 매일 매일이 고민인 직장인들이 많다. 이들은 직장 생활에 회의감을 느껴 퇴사를 고민하기도 하지만, 막상 나가서는 무슨 일을 하는 것이 후회 없는 선택이 될지 몰라 또 답답해 한다.

소위 좋은 기업에 다니고 있는 직장인일수록 더더욱
그렇다. 이들은 엘리트 코스를 밟으며 하라는 대로, 시
키는 대로 열심히만 살았다. 그런데 입사 후 1년, 5년,
10년이 될 때마다 성장통처럼 심한 열병을 앓았다. 그
러면서 무엇이 진짜 나를 위한 것인지 모르겠다며 뒤
늦은 방황을 했다.

자신이 어떤 자리에 서 있을 때 가장 빛이 나는지 모
르는 사람에게 여느 자기계발서처럼 목표를 명확히 하
라고 말하는 것은 공염불에 불과하다. 그런 점에서 나
는 이 책이 자기 발견이라는 과정(버킷 쓰기)을 통해
자신의 넥스트를 설계하는 매우 구체적인 책이라고 생
각한다. 나아가 그동안 우리를 괴롭히던 성장통을 없앨
수 있는 유일한 해법을 주는 책이라고도 생각한다.

누구나 어렸을 때는 좋아하는 것이 무엇이고, 무엇
을 하면 행복한지를 잘 알고 있다. 하지만 우리는 성장
하면서 타인의 시선 때문에, 부모님의 욕망으로, 혹은
자식을 키운다는 이유로, 가장이라는 이유로 그것을 잃
어버린채 살았다. 이제 다시 자신이 좋아하고, 잘하는

것을 찾는 것에서부터 새 출발을 해보자. 꿈이 있어야 행복도 따라오고 돈도 따라온다. 남들이 정한 기준이 아닌 내가 정한 기준으로, 남들이 정한 행복이 아닌 내가 정한 행복으로, 이 책을 통해 많은 분들이 그런 기회를 얻었으면 좋겠다.

목차

~~~~~~~~~~

1부

회사 가기가 죽기보다 힘든
직장인이었습니다

1

하고 싶은 일 100가지 쓰기, 버킷리스트를 만나다

"과장님은 왜 그렇게 회사 생활을 힘들어하세요?"

지금으로부터 6, 7년 전, 직장 생활에서 큰 고비를 마주한다는 10년 차 때의 일이다. 막 과장으로 진급했을 때였다. 오랜 대리 딱지를 떼고, 바라던 승진도 했는데 마냥 기쁘지만 않았다. 누군가에게는 배부른 소리처럼 들릴 수도 있겠지만, 당시 나는 회사 생활이 너무 힘겨웠다. 입사 후 처음으로 맛본 승진의 기쁨이었는데 허무하다는 생각밖에 들지 않았다.

그런 내 속마음이 티가 났는지 친한 후배는 진지하

게 물었다. 왜 그렇게 힘들어하냐고. 그는 내게 보통의 다른 직장인보다 편하게 생활 한다고 해서 '신계 직장인'이라는 별칭까지 준 친구였다. 자기주장도 서슴없이 펼치고, 상사에게 어느 정도 인정도 받는 나를 직장 생활을 '아주 잘' 하는 사람으로 본 것 같았다. 그래서 더더욱 내가 힘들어하는 게 납득이 되질 않는 듯했다.

후배의 질문에 나는 한참 동안 내가 왜 힘든지 생각했다. 그동안은 힘들다고 투정만 부렸지 원인을 진지하게 파고든 적은 없었다. 회사에서 하는 일과 상사와의 관계가 싫어서, 직장인이라면 누구나 하는 불만 정도로만 생각했지 한 번도 진지하게 이 문제를 고민해본 적은 없었다. '그래, 원래 회사 생활은 힘든 거야.' 한참을 고민하다 내린 결론이었다. 주변을 둘러보면 대다수의 직장인들이 크고 작은 스트레스에 시달린다. 나만 유별나게 힘든 것은 아니었다. 그렇게 생각하니 왜 힘든지가 정확히 손에 잡히는 건 아니지만 그럭저럭 견딜만했다. 나만 그런 게 아니라고 생각하니 마음도 편해졌다. 어차피 퇴사할 용기도 없으니 그냥 버티는 게 상책이었다.

그렇게 마음먹고 2년 정도의 시간이 지났다. 그럭저럭 버티고 있다고 생각한 직장 생활에 미세한 균열이 생기기 시작했다. 그 발단은 미국 출장길에서 한 스타트업 대표를 만나고서부터였다. 그분을 통해 연이어 다른 몇몇 창업자들을 알게 되었고, 그들과 정기적으로 만나 이야기를 나눌 기회가 있었다. 그들은 대부분 잘 다니던 대기업을 박차고 나와 창업한 지 얼마 안 된 분들이었다. 금전적으로는 쪼들렸지만 열정만큼은 다들 충만한 분들이었다. 그들은 직장 생활은 원래 힘든 거라고 생각하고 흐리멍덩한 눈빛을 하고 있던 나와는 완전히 다른 눈빛을 하고 있었다. 나는 열정으로 똘똘 뭉친 그들이 부러웠다. 나도 뭔가를 해보고 싶다는 생각이 들었다. 당장 퇴사를 해서 무슨 창업을 하겠다는 생각은 아니었지만, 그냥 지금처럼 계속해서 직장 생활을 이어갈 수는 없을것 같았다.

비슷한 시기에 몇 권의 자기 계발서도 읽었다. 그중에는 평범한 직장인이 펴낸 책도 있었는데, 그들 역시도 꾸준히 '무언가'를 하면서 자신만의 고유한 영역을 만들어 가며 책까지 쓴 분들이었다. 직장이라는 테두리를 벗어나 자신만의 브랜드를 만들어 가는 그들이 부러웠다. 나도 그들처럼 나만의 무언가를 만들고 싶었다. 그런데, 뭐라도 해보고 싶다는 마음은 큰 데 무엇을 해야 할지가 막막했다. 내가 잘 할 수 있는 것도 보이지 않았고, 그렇다고 좋아하는 것이 뭔지도 딱히 짚이질 않았다. 가만 보니 나는 변변한 취미 하나 없이 살아온 것 같았다. 학교에서 하라는 대로 열심히 공부만 해온 나자신을 탓하지 않을 수 없었다. 그나마 잘하는 건 시키는 대로 하는 건데, 그동안 나에게 뭔가를 시키는 사람은 부모님 그리고 상사와 아내밖에 없었다. 진짜 원하는 것을 하려면 스스로 내 것을 찾아야 했다.

그렇게 고민만 하던 어느 날, 나를 잘 알고 있던 또 다른 스타트업 대표가 아주 흥미로운 제안을 했다. 그것은 바로 올해 안으로 하고 싶은 일 100가지를 쓰는 일이었다. 한마디로 '버킷 100개 쓰기'였다. 버킷리스트라는 말은 다들 들어봤을 것이다. 죽을 날이 얼마남지 않은 사람이 죽기 전까지 자신이 꼭 해야 할 일을 정리한 리스트. 그런데 버킷을 열 개도 스무 개도 아닌 100개를 써 보라니, 처음엔 의아했다. 그는 자신이 대학생 때 했던 경험이라며 버킷 100개 쓰기는 기존의 버킷리스트와는 다르다고 설명했다. 가장 다른 점은 죽기 전에 해야 하는 일이 아닌, 1년 동안 해야 하는 일이었다. 그러니까 2018년이 끝나면 내가 죽는다는 가정을 하고, 죽기 전에 하고 싶은 일 100가지를 적어보는 것이었다. 그렇게 쓰다 보면 내가 무엇을 원하는지, 어떤 사람인지 알게 된다고 했다.

솔깃했다. 귀가 얇은 탓이었는지 100개를 쓰면 지금의 고민이 해결될 수 있다는 말에 신뢰가 갔다. 결국 해보기로 했다. 하지만 100개를 쓴다는 것은 생각보다 쉽지가 않았다. 쉽사리 풀리는 듯 20개까지는 쉽게 적었는데, 30개까지가 한계였다. 그 이상은 하고 싶은 일이 더 이상 떠오르지 않았다. 하지만 멈출 순 없었다. 어떻게 해서든 100개를 채워보고 싶었다. 그래야 후회가 남지 않을 것 같았다. 기왕 시작한 건데 포기하고 싶지 않다는 오기랄까? 다행히 몇 가지 팁을 듣고서 2박 3일을 더 고민한 끝에 100개를 채웠다.

어린시절 운동회 때, 열심히 콩주머니를 던져 박을 터뜨리면 색종이가 쏟아지며 하늘을 수놓듯 100개의 버킷이 채워지면 뭔가가 '짠!'하고 나타날 줄 알았다. 하지만, 애석하게도 100개를 채웠는데도 박 속에는 아무것도 없었다. 그래도 기분이 나쁘진 않았다. 왜냐면 그것들을 찬찬히 들여다보면서 내가 하고 싶어 하는 일들이 의외로 많다는 사실을 알게 되었기 때문이었다. 그게 무척 반갑고 신기한 일이었다. 물론 그것이 당장 내가 하는 일에 도움을 주거나 새로운 일을 계획할 정도의 어떤 것은 아니지만 100개의 버킷들을 보다 보니 열정이라는 게 새순 돋듯 솟아나는 기분이 들었다. 그리고 버킷리스트 안에는 내가 소중하게 생각하는 사람들도 그려졌다. 가족이 보였고 친구, 동료들도 눈에 들어왔다. 100개의 버킷이 적힌 리스트를 보면서 당장 할 수 있는 일부터 하나씩 해보자고 생각하니 마음도 한결 가벼워졌다.

하고 싶은 일 100가지 적기를 통해 깨달은 또 다른 한 가지는 버킷 속에는 회사에서 하고 싶은 일이 하나도 없다는 점이었다. 당연한 결과 같기도 했지만 한편으로는 무척 씁쓸했다. 회사는 월급을 위해 다니는 곳, 그 이상도 이하도 아니라는 것을 뭔가 확인 사살 받는 기분이었다. 나는 왜 회사에서 하고 싶은 일이 없지? 하루의 대부분을 회사에서 보내고 있으면서도 회사 안에서 나는 무슨 존재고 무엇을 바라는 것일까, 다시금 생각하지 않을 수 없었다. 그러면서 반대로는 회사인이 아닌 자연인으로서 꿈틀대는 나의 진짜 욕망을 마주할 수 있었다. 그것은 '성장'이었다. 물론 처음부터 성장이라는 키워드가 눈에 들어온 것은 아니었다. 100개를 채우고 그것을 몇 개의 그룹으로 나누고 나서도 보이지 않았는데, 버킷리스트를 작성하고 1년이 지나고 연말이 되어서야 '성장'이라는 단어가 눈에 들어오기 시작했다.

당시의 내 버킷리스트는 대부분 가족들과 함께 하는 것이었다. 그런데 가족들과 함께 하는 것 외에도 책을 읽고, 글을 쓰고, 멘토를 만나 조언을 듣는 버킷들도 있었다. 이렇게 생각하는 순간 그동안 구체적으로 만져지지 않던 갈증이 이거였구나, 하는 어떤 깨달음 같은 게 전해졌다. 나의 내면을 가꾸고 성장하는 사람, 그런 사람이 되고 싶다는 생각, 그것을 발견한 것은 나에게 큰 소득이었다. 그리고 내가 직장 생활을 왜 힘들어하는지도 알게 되었다. 그것 또한 '성장'에 답이 있었다.

　나는 직장 생활에서 성장의 느낌을 받지 못했다. 물론 경력이 쌓일수록 업무 역량이 올라가는 것은 맞지만 조금 더 나은 인간이 되는 것과 업무 역량이 올라가고 승진을 하는 것은 별개의 문제처럼 여겨졌다. 오히려 자존감은 직장 생활을 하면 할수록 아래로 떨어졌다. 거대 기업의 울타리 안에서 언제든 교체 가능한 부속품이라는 생각이 자꾸만 들었다. 그런 고민은 우울감으로 이어지기도 했다. 하지만 버킷 100개를 쓰고 나서부터는 그동안 알지 못했던 숨겨진 내 욕망을 찾을 수 있었고, 그동안 잊고 있었던 내가 좋아하는 것, 꿈꾸던 내 모습에 대해 다시 생각해보게 되었다. 덕분에 나는 앞서 후배가 던진 질문에 그제서야 답을 할 수 있게 되었다.

　"아무리 회사에서 인정받고, 하고 싶은 말을 다 한다고 해서 직장 생활을 잘하는 것은 아니다. 그리고 내가 더 나은 사람으로 성장하는 것도 아니다. 그것이 나의 성장 욕구를 채워주지 못한다면 영원히 힘들 수밖에 없다."

당시, 내가 내린 결론이었다. 그리고 나는 진짜 좋아하는 것, 진짜 잘 할 수 있는 것을 제대로 찾아보고 싶다는 생각에 휴직을 고민하기 시작했다. 그리고 곧장 실행에 옮겼다. 2018년이 끝나갈 즈음이었다. 그렇게 나는 잠시 인생의 쉼표를 찍게 되었다.

2

회사 생활이 힘든 이유를 알았다

휴직을 하고 2019년을 시작하면서 두 명의 지인과 2박 3일의 짧은 제주 여행을 떠났다. 비장한 마음을 품고 떠난 여행이었다. 어떻게 하면 휴직 기간을 알차고 보람차게 보낼 수 있을지, 제주에서 그 답을 얻고 돌아오고 싶었다. 그래서 2박 3일 일정 안에 한라산 등반을 포함시켰다. 힘들게 산을 오르고 나면 생각도 정리되고 좋은 계획도 떠오를 것 같았다. 그리고 백록담이 주는 정기(?)도 받고 싶었다.

하지만, 애석하게도 한라산 등반은 내가 생각했던

것처럼 낭만적이지 않았다. 생각했던 것보다 몇 배나 더 힘들었다. 산을 오르는 초반에는 같이 간 지인들과 대화도 하는 등 어렵지 않게 올랐지만, 그리 오래가지 못했다. 어느 순간부터는 말없이 걷기만 했다. 휴직에 대한 계획을 세우기는커녕 내 몸 하나 건사하기도 어려웠다. 춥고 미끄러운 산길을 어떻게 하면 잘 헤쳐나갈까 그것에만 집중했다. 다행이었던 건 힘들게 올라서 본 백록담이 생각했던 것 이상으로 멋졌다는 것이다. 눈 덮인 한라산 정상은 그야말로 압권이었다. 힘들고 어려웠던 몇 시간의 고생을 위로받는 느낌이었다. 멋진 경치를 보고 나서야 아내와 아이들 생각이 났다. 휴직 기간을 어떻게 꾸려나갈지는 여전히 막막했지만, 한 가지 분명한 것은 어떤 경험을 하든 사랑하는 가족들 앞에서는 부끄럽지 않도록 최선을 다해야 한다는 것이었다.

여행의 마지막 날, 우리는 어느 조용한 카페에 앉아서 새해에는 어떤 일들을 하고 싶은지 각자의 포부를 이야기했다. 나는 좀 더 색다르게 새해를 맞이해 보자며 1년 전 경험했던 버킷 100개 쓰기를 지금 해보면 어떻겠냐고 일행들에게 제안했다. 모두들 동의해 주었다. 우리 중에는 나에게 버킷 쓰기를 알려준 분도 있었다. 그분도 버킷 쓰기가 주는 힘을 잘 알고 있었기 때문에 나의 갑작스런 제안을 받아주었다. 하지만 나중에 들은 이야기지만 같이 간 다른 일행은 처음에는 당황스러웠다고 한다. (늦었지만 그분께 감사하다는 말을 전하고 싶다.)

아무튼, 우리는 제주 여행을 마무리하며 2019년에 하고 싶은 일 100가지를 각자 정리했다. 함께 쓰는 거라 그런지, 아니면 버킷리스트 쓰기가 두 번째라 그런지, 아니면 휴직을 앞두고 새로운 도전에 나서야 하는 상황 때문이었는지 나는 쉽게 버킷 100개를 완성할 수 있었다. 2박 3일 동안 끙끙거리며 썼던 첫 번째 버킷리스트에 비하면 훨씬 수월했다. 휴직을 하고 뭘 해야 할지가 막막했는데 안개가 걷히는 기분이었다.

이후 제주도에서의 경험은 이후 서울로 돌아와 버킷리스트 워크숍으로까지 이어졌다. 나중에 좀 더 자세하게 설명하겠지만 버킷리스트 워크숍은 하고 싶은 일 100가지를 함께 모여서 쓰는 것을 말한다. 나는 내가 경험한 그대로를 다른 분들과도 나누고 싶었다. 처음 시작하는 워크숍이라 미숙한 점도 많았지만 내가 버킷 쓰기로 알게 된 것들을 다른 사람에게도 전달할 수 있다는 것이 무척 보람됐다. 워크숍 참석자들도 새로운 경험을 좋아하고 신기해했다. 물론 버킷 쓰기를 힘들어하는 분들도 있었다. 처음부터 100개를 쓸 수 없을 거라며 손사래 치는 분들도 있었다.

사람에 따라 정도의 차이는 있지만 서른 개 정도의 버킷 쓰기는 그다지 다들 어려워하지 않는다. 그다음 60개까지도 그럭저럭 채우는 편이다. 하지만 그 이후부터는 꽤 힘들어한다. 나는 그때부터가 중요하다고 생각한다. 진짜 무엇을 원하는지 스스로에 대한 고민이 깊어질수록 자신의 진짜 욕구나 감정 나아가 꿈에 대해 좀 더 깊게 생각하는 기회를 만들 수 있기 때문이다. 이는 마치 미지의 바다를 탐험하는 잠수부처럼 잠재의식 깊이 잠겨 있던 나의 욕망들을 하나씩 지상으로 소환하는 것과 같다.

100개의 숫자에 가까워질수록 툭툭 튀어나오는 버킷들은 나의 진짜 속 마음을 대변해 준다. 내 경우 첫해

'성장'에 대한 욕구가 튀어나온 것도, 휴직을 하고 모임을 만들어 보고 싶다는 것도, 모두 잠재의식 속에서 튀어나온 것들이라 할 수 있다. 워크숍을 진행하면서 옆 사람과 이야기 나누는 것을 금지할 때가 있는데, 그것도 이런 이유 때문이다. 조용히 나에게 집중하는 것이 쉽지 않은 일이지만 버킷 100개를 쓰는 과정에서는 꼭 필요한 일이라 할 수 있다. 집중하는 과정이 있어야 마음속 깊은 곳까지 내려갈 수 있는 다이버가 될 수 있다. 물론 이것이 꼭 100개를 써야만 가능한 것은 아니다. 그것은 사람마다 다르다. 어떤 사람은 50개 이상부터 깊은 고민으로 이어지고, 어떤 사람은 200개 정도는 되어야 자신의 본래 욕구 속으로 들어가기도 한다. 하지만 평균적으로 100개 정도면 자신을 들여다 볼 수 있다. 그리고 100이라는 숫자는 아시다시피 완성의 의미를 담고 있다. 그래서 힘들더라도 우선은 100개를 채워보는 것이 중요하다. 결론적으로 얘기해, 100개의 버킷은 나 자신을 발견하는 모티브가 되며, '목표'라는 것을 잡을 수 있게 도와주는 역할도 한다.

　정신분석가 정도언 님이 쓰신 『프로이트의 의자』라

는 책이 있다. 작가는 인간의 마음이 나도 모르게 흘러가는 것은 마음속 깊이 자리 잡은 무의식 때문이라고 말한다. 그러면서 프로이트의 말을 빌려 빙산 중 물 위로 솟아 있는 뾰족한 부분을 의식의 영역, 물속 깊이 잠겨 있는 거대한 부분을 무의식의 영역에 비유했다. 작가는 물속에 잠겨 있는 무의식의 영역을 의식의 영역으로 끌어 올려야 내가 하는 행동에 대해서 스스로 통제를 할 수가 있다고 했다. 그런 점에서 볼 때 하고 싶은 일 100개를 써보는 과정은 무의식 속 욕망을 수면 위로 꺼내는 방법이 될 수 있다. 쓰는 과정이 쉽지 않지만 해내게 된다면 내가 바라는 것에 대해 깊이 있는 고민을 할 수 있다.

나는 휴직 기간 동안 버킷리스트를 실천해가면서, 그리고 사람들과 함께 워크숍을 하고 그들이 눈빛이 흔들리고 변해가는 모습을 보면서 버킷 쓰기의 중요성을 한번 더 체감할 수 있었다. 나 역시도 내 인생이 어떤 방향으로 나아갈지 서서히 깨달아 간다는 생각이 들었다. 내가 잘하는 일은 무엇이고, 내가 무엇을 원하는지, 나아가 내 무의식 속 욕망은 무엇인지 하나씩 발

견하는 느낌이 들었다. 버킷리스트는 마치 내 인생의
나침반 같았다. 그런데 버킷리스트를 나만 그렇게 생각
하는 건 아니었다.

3

버킷리스트는 인생의 내비게이션

휴직 기간 동안 버킷리스트 워크숍 활동 외에 캐나다 여행을 70일 동안 아이들과 함께 다녀왔다. 아이 엄마는 일 때문에 함께 할 수 없었고, 오로지 아빠와 아이들만 함께 하는 여행이었다. 코로나가 유행인 지금은 상상도 할 수 없는 일이지만 다행히 코로나가 시작되기 전이라 문제 없이 떠날 수 있었다. 엄마 없이 하는 여행이라 아이들을 잘 보살펴야 한다는 것이 부담스럽기도 했지만 얻는 것도 많았다. 아이들은 여행 내내 아빠인 내가 잘 모르고 있던 모습을 끊임없이 보여주었다.

여행의 매 순간이 기억에 남지만 가장 인상적이었던 순간을 꼽으라면 밴프(Banff) 국립 공원에서의 캠핑이었다. 열 시간 넘게 운전해서 꽤 힘들게 간 곳이지만, 자연의 경이로움을 온몸으로 느낄 수 있어서 참 좋았다. 아이들과 빙하도 만져보고, 지나가는 곰과 만나는 호사(?)도 누릴 수 있었다(물론 그 상황이 꽤 위험할 수 있다는 것은 한참 뒤에서야 알았지만). 밴프 야영장에서는 캠핑을 하며 음식도 만들어 먹고 '불멍'도 했다. 캐나다 대자연 속에서 하는 캠핑이라 더욱 특별했다.

아이들과 나는 밴프에서의 경험이 너무 좋아 또 다른 국립 공원에서 하룻밤을 더 머무는 계획을 세웠다. 지도를 보니 다음 행선지 중간쯤에 있어 일정을 살짝 비틀어도 무리가 없어 보였다. 하지만 캐나다가 내가 생각했던 것보다 훨씬 크다는 사실을 운전하고 얼마 되지 않아 실감하고 말았다. 분명 지도상으론 가는 길목처럼 보였는데, 꽤 돌아가고 있었다. 그리고 어느 순간부터는 차도 다니지 않는 한적한 길을 홀로 운전하는데 '멘붕'의 감정이 수시로 올라왔다. 아이들 앞이라 티를 내진 못했지만 낯선 길을 운전하는 게 무척 두려웠다. 특히 주유소를 찾느라 헤맬 때는 기름이 바닥나 이러다 차가 멈추는 건 아닌가 싶어, 꽤 머릿속이 복잡해졌다. 제대로 가는 건 맞는지, 비포장도로를 가다 차가 멈춰버리는 건 아닌지, 온갖 불길한 생각들이 들기 시작했다.

그렇게 긴장하며 운전했지만 결국에는 주유도 하고, 차도 잘 버텨주어 원하는 목적지에 다다를 수 있었다. 머릿속으로 걱정했던 일들은 하나도 일어나지 않았다. 다행이었다. 그리고 힘들었던 여정을 보상받기라도 하듯 우리는 그곳에서 셀 수 없을 정도의 수많은 별을 보았고, 또다시 환상적인 하룻밤을 보낼 수 있었다. 지금도 그때 운전했던 순간을 생각하면 오금이 저려온다. 그만큼 힘들고 두려운 순간이었다.

캐나다 여행은 평소에는 잘 생각하지 못한 것들에 대한 소중함을 다시 생각해 보는 계기를 주었다. 그중에 하나가 바로 내비게이션이다. 내비게이션이 없었다면, 그래서 가는 길을 안내받을 수 없었다면, 우리의 여행은 안전했을까? 아마도 우리는 미아가 되었을지도 모른다. 우리는 내비게이션 덕분에 무사히 목적지에 도착할 수 있었고, 그곳에서 특별한 추억을 남길 수 있었다.

아무리 까마득하더라도 내가 가야 할 길을 알려주는 내비게이션만 있으면 어디든 갈 수 있다는 믿음, 그 믿음은 결국 어떤 어려움 앞에서도 잘 헤쳐나갈 수 있다는 자신감을 준다. 버킷리스트 얘기를 하다가 캐나다 여행의 이야기를 꺼낸 이유도 바로 가야 할 길을 알려주는 내비게이션의 역할을 버킷리스트가 하기 때문이다.

워크숍에서 20대 대학생 한 분을 알게 되었는데, 90년대 생인 그녀는 또래들과는 조금 달랐다. 요즘 대학생들이 즉흥적이고 욜로(YOLO) 라이프를 즐길 거라는 내 생각과 달리 그녀는 계획 세우기를 좋아했고 자기계발서를 즐겨 읽었다. 본인 스스로도 자신을 특이한 편이라고 소개했다. 2년 동안 워크숍에 참석했던 그녀와 이야기 나눌 기회가 있었는데, 그때 그녀는 버킷 100개가 자신에게 내비게이션 같은 역할이었다고 말했다.

"새로운 내비게이션 하나를 장만한 기분이 들었어요."

그녀는 2년 동안 썼던 자신의 버킷리스트를 내비게

이션에 비유했다. 이것저것 하고 싶은 게 많아 진짜로 가야 할 길이 어딘지 몰라 막막했던 그녀는 칠흑 같은 바다에서 저기 멀리 등대 불빛은 보이는데, 어떻게 배를 몰아야 할지 몰라 안절부절못하는 상황이었다. 그런데 버킷리스트를 작성하고서부터는 100개의 버킷을 보면서 무엇에 집중해야 하는지 알게 됐고, 단계별로 자신이 해야 할 일을 목록화 할 수 있었다고 했다. 그래서 영어 점수도 새로 따고, 자기소개서도 업데이트하고, 지도 교수와 면담도 하는 등 체계적으로 자신의 길을 정리해갔다. 그러면서 평생 숙제 같은 다이어트도 같은 방식으로 해낼 수 있었다고 덧붙였다. 중독에 가까웠던 탄산을 끊는 일, 조금씩 운동의 양을 늘려가는 일 등, 이 모두가 100개의 버킷을 쓰면서부터 가능했다고 전해주었다.

그녀의 이야기를 들으며 나 역시도 휴직을 막 시작하고 썼던 버킷리스트가 생각났다. 맨 처음 버킷리스트를 썼을 때는 내가 '성장'을 바란다는 것을 깨닫고 휴직을 선택했지만, 휴직을 하고 나서는 당장 무엇을 해야 할지 갈피 잡기가 힘들었다. 하지만 버킷리스트를 재차 써보면서 그런 마음을 떨쳐낼 수 있었다. 제주도에서 지인들과 함께 했던 시간이 바로 그 시간이었다. 새롭게 도전하고 싶은 일을 썼고, 몸과 마음의 체력을 기르기 위한 글쓰기와 운동을 버킷으로 썼다. 내가 좋아하는 사람들이 누구고, 그들과 함께하면 좋을 일도 포함시켰다. 그렇게 쓴 버킷리스트는 휴직 기간 나의 든든한 조력자가 되었다. 버킷리스트에 써놓은 크고 작은 일들을 하나씩 옮기다 보니 첫 번째 책도 낼 수 있었고, 나만의 사이드 프로젝트도 진행할 수 있었다. 그리고 사람들에게 선한 영향력을 주고 싶다는 꿈에도 가까워질 수 있었다. 이 모두가 하고 싶은 일 100가지를 쓴 버킷리스트가 내비게이션 역할이 되어 준 덕분이었다.

'성공의 표준 공식을 깨는 비범한 승자들의 원칙'이라는 부제가 붙은 책 『다크호스』는 특별한 사람들의 이야기를 담은 책이다. 이 책에서는 평범하지 않은 길을 떠나는 이들을 '다크호스'라 명명한다. 다크호스는 사회가 정한 룰에서 벗어나 자신만의 길을 개척해 충족감과 행복을 느끼는 사람들이다. 이들은 자신의 관심사에 집중하기 때문에 일에 대한 만족감이 큰 편이다. 그래서 요즘처럼 개인의 가치를 존중하고 중요시하는 세상에서는 다크호스형 인간으로 살아가는 게 꼭 필요해 보인다. 작가는 충족감을 느끼면서 그것이 사회적으로도 우수하게 평가받는 삶이 되기 위해서는 당장의 목표에 집중하는 것이 필요하다고 말한다.

"지금 당장 시도할 수 있는 목표들을 수행하면서 자기 이해를 하게 되면, 자신의 진정한 개개인성에 더 잘 맞는 새로운 차원의 선택들이 눈 앞에 펼쳐질 가능성이 훨씬 더 커진다."

어딘지도 모르는 막연한 목적지를 향해 애쓰기보다는 지금 당장 할 수 있는 목표를 두고 하나씩 수행하는 게 중요하다. 버킷들을 하나씩 실행하는 것이야말로 당장 할 수 있는 목표를 수행하는 일이다. 도장 깨듯 하나씩 시도하는 것들이 새로운 경험을 하는 계기가 되고 내가 원하는 삶으로 나를 인도한다. 책 속의 다크호스형 인간들이 그랬듯이 따라오는 충족감은 당연한 귀결이 된다.

2021년 현재, 나는 버킷 쓰기를 습관으로 만들어 내가 원하는 곳으로 갈 수 있는 지도로 만들어가고 있다. 2018년부터 써왔으니 올해로 4년째 버킷리스트를 쓰고 있다. 해가 거듭되면 될수록 내가 무엇을 원하는지 확실해지는 것 같다. 마치 내비게이션이 업데이트되면서 좀더 정확하게 내가 가야할 길을 안내받는 기분이 든다. 여전히 '내가 원하는 삶'이라는 큰 주제가 버겁기는 하다. 그렇지만 새로운 도전으로 나의 영역이 확대되는 것만으로도 하루하루가 설레는 기분이다. 회사 가는 게 죽기보다도 싫다는 감정이 사라진 지는 오래전이고, 삶에서도 일에서도 내가 존재해야 할 이유와 지금 하고 있는 일의 의미 모두를 다 찾았다고 할 수 있다. 나에게 좋은 길을 안내해 준 그리고 앞으로도 안내할 버킷리스트가 고맙다. 그 끝이 어떤 곳일지는 모르겠지만 분명 좋은 곳일 거라는 믿음을 갖고 있다.

다음 글부터는 버킷 100개 쓰기를 잘 할 수 있는 방법에 대해 이야기하려고 한다. 앞에서도 밝힌 것처럼 100개의 버킷 쓰기를 한 번에 완성한다는 것은 쉬운 일이 아니다. 나는 4년째 버킷 쓰기를 하면서 그리고 워크숍이라는 과정을 통해 어떻게 하면 버킷 쓰기를 좀 더 쉽고 재미있게 할 수 있을까를 생각했다. 지금부터 그 얘기를 하려고 한다.

2부

버킷리스트 잘 쓰는 법

4

버킷리스트 쓰기도 연습이 필요하다

안드레스 에릭슨은 자신의 책 『1만 시간의 재발견』에서 우리가 어떤 일에 무조건 1만 시간을 투여한다고 해서 전문가가 되는 것이 아니라 의식적인 노력과 훈련이 수반되어야 전문가 수준에 이를 수 있다고 말했다. 그러면서 상투적인 연습만 하는 1만 시간은 무의미하다고 했다. 이는 비단 전문가에게만 국한되지는 않는다. 일정 수준 이상의 성과를 내기 위해서는 꼭 1만 시간이 아니더라도 일정 정도의 의식적인 노력은 누구에게나 필요하다. 글쓰기도 달리기도 마찬가지다. 주구장

창 글을 쓴다고 매일 꾸준히 달리기를 한다고 해서 실력이 좋아지는 것은 아니다. 체계적인 훈련과 목표가 구체적이고 충실할 때 실력 향상을 기대할 수 있다.

하고 싶은 일 100가지를 쓰는 것도 마찬가지다. 100개를 쓰는 것에도 충실한 연습과 훈련이 가미되면 좀 더 훌륭한 버킷리스트가 완성된다. 그렇다고 1만 시간을 들여서 버킷리스트 쓰는 연습을 하자는 것은 아니다. 앞으로 이어지는 몇 개의 글을 통해서는 버킷리스트를 잘 쓰기 위해 어떤 것에 주의하고 평소에 어떤 연습을 해두면 좋은지 설명해 보겠다.

버킷 쓰기를 잘하는 첫 번째 방법은 앞서 설명한 대로 조금은 의식적인 연습부터 해보는 것이다. 하고 싶은 일을 생각하는 것에도 연습이 필요할까? 이렇게 의문을 가지는 분도 있겠지만 막상 버킷 100개를 처음 써보는 분들의 경우 하고 싶은 일을 생각하는 것 자체를 굉장히 어려워한다. 그동안 하고 싶은 일이라는 것에 대해 한 번도 진지하게 생각해 보지 않았기에 버킷에 대해 고민하는 것 자체를 어색해한다. 특히 1년이라는 제한 사항은 큰 장벽처럼 느낀다. 평생 하고 싶은 일 100개를 채우는 것도 버거운데 1년 동안에 하고 싶은 일을 100가지나 쓰라니, 엄청난 높이의 산이 눈앞에 딱 나타난 것 같다고 말하는 사람들도 있다. 이런 분들에게 가장 필요한 것은 바로 연습이다.

버킷 쓰기를 처음 접하는 사람들에게 가장 필요한 것이 연습이라는 걸 알게 된 계기가 있다. 아시다시피 2020년은 코로나로 시작해 코로나로 끝난 한 해였다. 코로나로 모든 오프라인 모임이 어려웠다. 사람 만나기를 좋아하는 나로서는 안타까울 수밖에 없었다. 그나마 줌(Zoom)이나 오픈채팅방 등 비대면 미팅을 도와주는 프로그램들이 있어서 다행이었다. 그러던 중에 서울 문화재단에서 운영하는 《30일 프로젝트》라는 비대면 모임을 진행하게 되었다. 30일 프로젝트는 10명의 리더들이 미션을 정해 소그룹을 만들고 30일 동안 온라인을 통해 약속된 미션을 '꾸준히' 수행하는 모임이었다.

프로젝트에서 내가 만든 미션은 '연말까지 하고 싶은 일을 매일 기록하기'였다. 한 해의 절반 이상이 흘렀지만 30일 프로젝트라는 기회를 이용해 9월부터 12월까지 남은 넉 달 동안 하고 싶은 일을 다시 한번 적어보고 실행에 옮겨보자는 취지였다. 총 서른 명이 모였고, 이들과 같이 남은 연말까지 무엇을 하고 싶은지 매일 하나씩 찾아보기로 했다. 5분 정도 내가 뭘 하고 싶은지 생각하고, 그것을 짧게 글로 남기는 것이었다. 리더이기도 했지만 나 또한 잊지 않고 하나씩 하고 싶은 일을 매일 적었다. 그렇게 30일의 프로젝트가 끝나고 참여자들은 하고 싶은 일을 생각하고 기록하는 것만으로도 색다른 경험이었다며 다들 만족해했다. 적기만 했는데도 기분이 좋아졌다는 분도 있었고, 적었던 것을 직접 실행에 옮기면서 '성취감'까지 맛본 분도 있었다. 덕분에 나도, 참여자분들도 코로나로 엉망진창이 된 한 해의 마지막을 의미 있게 보낼 수 있었다.

참여자들의 후기를 보고 그들과 대화를 나누면서 참여자 대부분이 자신이 하고자 하는 것에 막연한 생각은 갖고 있지만, 구체적으로 어떻게 계획해야 하는지 집중적으로 고민해본 적이 없다는 것을 알 수 있었다. 일상이 언제나 틀에 박힌 듯 빠르게 돌아가다 보니 한 번도 그런 생각을 해볼 여유도, 그리고 누군가로부터 그런 질문을 받아본 적도 없었다. '퇴사를 하고 싶다' '경제적 자유를 누리고 싶다' '여행하며 살고 싶다'처럼 어떤 바람만 있을 뿐이었지 구체적으로 생각해볼 기회는 없었다. 그러다 프로젝트를 통해 매일 5분 동안 했던 고민이 앞으로 내가 어떤 일을 하며 살아갈지에 대한 좋은 연습이 되었다고 했다. 그렇게 서른 번의 연습이 끝난 뒤에는 모두가 이전보다 훨씬 더 자신에 대한 믿음과 강한 자신감을 갖는 계기가 되었다. 아마 이들에게 버킷 100개 쓰기를 제안했다면 그들은 쉽게 버킷 쓰기를 해냈을 것이다. 일종의 의식적 연습의 결과라 할 수 있다.

그리고 한 가지 중요한 포인트가 더 있다. 그것은 바로 종이에 기록해 보는 것이다. 내가 무엇을 바라는지 생각만 해보는 것으로는 한계가 있다. 생각만으로는 민들레 홀씨처럼 날아가 버리기 십상이다. 하지만 기록을 하게 되면 조금은 다른 의미 부여가 가능하다. 이는 나의 바람을 실체가 있는 유형으로 만들어 주는 역할을 하고, 나아가 뇌가 기억하도록 해서 절대 잊을 수 없는 나만의 버킷을 만드는 역할을 한다. 『영혼을 위한 닭고기 수프』『마음을 열어 주는 101가지 이야기』의 잭 캔 필드와 마크 빅터 한센은 내 바람을 정리할 때 기록이 중요하다는 사실을 강조하며 '꿈과 목표를 종이 위에 기록하는 것, 그것이 원하는 사람이 되기 위한 방법'이 라고 말했다. 즉, 생각하는 연습과 기록하는 연습은 상호 보완적인 관계로 생각은 기록을 통해서 구체적인 형태를 가지게 되고, 기록은 생각을 확장시켜주는 촉매제 역할을 한다. 한마디로 '생각과 기록'은 내가 무엇을 원하는지 연습하는 하나의 세트라 할 수 있다.

하루 5분 내가 하고 싶은 일을 생각하고 그것을 기록하는 연습은 내가 좋아하는 것이 무엇인지 찾는 일을 쉽게 하도록 만들어준다. '자주 사용하는 기관은 발달하고, 그렇지 않은 기관은 퇴화한다'는 뜻을 지닌 용불용설(用不用說)이라는 말처럼, 하고 싶은 일을 생각하면 할수록 그쪽의 촉수가 더 예민해진다. 그러니 처음부터 무턱대고 100개를 써봐야겠다고 생각하고 어쩔 줄 몰라하는 것보다는 내가 뭘 원하는지 고민하고, 그것을 하나씩 기록하는 연습이 버킷 100개 쓰기를 성공적으로 하는 방법이 된다.

이시형 박사님은 『어른답게 삽시다』에서 이런 말씀을 한 적 있다.

"인생의 즐거움은 애써 찾아야 한다. 그러기 위해서는 우선 내 삶을 들여다보는 것에서부터 출발해야 한다. 내 안에 무엇이 있는지 알아야 어떤 선택이라도 할 수 있을 게 아닌가. 그러려면 멈춰 서야 한다. 열심히 하던 일을 잠시 접어두고 그 자리에 멈춰서라. 그래야 새로운 것을 볼 여유가 생긴다."

인생의 즐거움을 찾기 위해서 잠시 멈춰 서라는 박사님의 이야기가 참 인상적이다. 바쁘게 사는 게 미덕인 세상에서 잠시 멈춘다는 것이 힘든 일인 줄 알지만 그게 얼마나 필요한지 금방 알 수 있다. 잠시 멈춰 서는 시간을 활용해 내가 바라는 것이 무엇인지 생각해 보고 기록하는 것이야말로 진실된 나를 들여다보는 새로운 출발이 될 수 있다. 여기에 인생의 즐거움까지 느낄 수 있는 것은 덤이나 마찬가지다.

하고 싶은 일 100가지를 쓴다는 것은 꽤 힘이 드는 작업이다. 더군다나 한 해 동안 해야 하는 일이라면 더더욱 그렇다. 하지만 힘든 만큼 보람이 있다. 100개라는 숫자에 압도돼 지레 겁을 먹고 포기하지 않았으면 좋겠다. 한 번에 다 써 보려고 애쓰지 말고, 시간을 두고 매일 조금씩 칸을 채워 보면 좋겠다. 천천히 내가 원하는 것을 생각해보고 그것을 기록하는 연습을 해 보면 내가 하고 싶은 것들이 하나둘 확장되는 게 보인다.

5

3년 뒤 멋진 내 모습을 상상해보자

버킷 쓰기를 잘 할 수 있는 첫 번째 방법으로 하루 5분 동안 생각하고 종이에 기록하는 연습을 말했다. 두번째 방법은 바로 **특정 시점 뒤의 내 모습을 상상하며 버킷을 써보는 것이다.** 이 방법을 알게 된 데에는 어느 한 분의 조언이 작용했다.

버킷리스트 워크숍에 참여했던 몇몇 분들과 이야기를 나눌 기회가 있었는데, 그중 한 분이 이런 얘기를 했다.

"평범한 주부로 살기보다는 자신만의 커리어를 만들어 보고 싶다는 욕망을 100개의 버킷을 작성하며 확인할 수 있었다."

하지만 그분은 아쉬움이 남는다는 말도 잊지 않았다. 1년이 지나고 나서 보니, 자신이 쓴 버킷리스트가 잘못 작성됐다는 생각이 들었다고 했다. 자신이 할 수 있는 범위를 너무 좁혀 소극적으로 작성한 점이 안타까웠다고 했다. 그래서 두 번째 버킷리스트를 쓸 때는 좀 더 솔직히 자신의 욕망이 이끄는 대로 적극적으로 쓸 수 있을 것 같다고 했다.

"100개의 리스트를 직접 써보고, 1년을 살아봐야 얻어지는 것들이 있어요. 어떤 방식으로든 그 경험은 개인의 삶에 새로운 자극이 됩니다."

그분의 이야기 덕에 나는 버킷리스트가 많은 사람들에게 충분히 도움이 되는 프로젝트라는 확신을 가질 수 있었다. 그분은 자신의 경험을 공유하는 것을 넘어, 이 프로젝트가 발전하길 바란다며 조언도 아끼지 않았다. 그러면서 혼다 켄이 쓴 『원하는 대로 산다』를 읽어보라고 추천했다. 책 『원하는 대로 산다』는 제목 그대로 어떻게 하면 원하는 삶을 살 수 있는지 작가 자신의 경험을 바탕으로 방법을 알려주는 책이다. 작가는 책에서 '싱크로니시티(Synchronicity)'라는 단어를 화두로 꺼낸다. 우리의 삶은 싱크로니시티, 즉 '신기한 우연'으로 가득 차 있는데, 우연한 사건이 인생을 바꾸기도 하지만 의도적으로 끌어당기고 잘 활용하면 원하는 것을 이루는 힘도 줄 수 있다는 것이다. 바로 이때 중요한 것이 바로 원하는 삶을 규정하는 것이다. 그것은 바로 '내 소원을 명확히 하는 일'이라고 할 수 있다. 내가 무엇을 바라는지 알고 있어야 싱크로니시티를 잘 활용할 수 있다는 뜻이다. 나는 이 부분을 읽으며 "원하는 대로 살기 위해서 내가 무엇을 원하는지를 구체적으로 알고 있어야 한다"는 말에 무척 공감이 갔다. 예를 들면, "3년 뒤에 10만 부 팔리는 베스트셀러 작가가 될 것이다" 혹은 "5년 뒤에는 하와이에서 살 것이다" 등과 같이 특정 시점을 정해 그때의 내 모습이 어떤지 구체적으로 상상해보는 것이다.

이후, 나는 책에서 얻은 영감을 바탕으로 워크숍의 내용을 일부 수정했다. 버킷 100개를 쓰기 전에 3년 후 내가 어떻게 살고 있을까를 먼저 그려보는 것을 워크숍 순서에 포함시켰다. 실제로 워크숍에서 3년 뒤를 그려보고 그것을 1년 동안 하고 싶은 일과 연결하는 작업에 대해 참여자들 모두가 흥미로워했다.

3년 후의 내 모습은 상상만으로도 가슴이 떨리고 행복한 일이어야 하고, 남들이 원하는 것이 아닌 내가 원하는 것이고 내 마음을 움직일 수 있는 것이어야 한다. 비록 그것이 지금 봐서는 터무니없어 보여도 상관없다. 진심으로 바라는 거라면 괜찮다. 그리고 여기에 몇 가지 질문을 덧붙이면 훨씬 3년 뒤를 그리기가 쉽다. 미래에 무슨 일을 하고 있는지, 어디에 살고 있는지, 가장 가까운 사람은 누구인지, 돈은 얼마나 갖고 있는지가 그 질문들이다. 질문은 책 『원하는 대로 산다』에 나오는 내용을 참조했다.

실제로 워크숍에서 3년 뒤의 내 모습을 그려보고 나서 본격적으로 버킷 100개를 써보게 했더니 워크숍 참여자분들은 한결 가벼운 마음으로 100개를 대했다. 예를 들어, 3년 뒤 내 집을 갖고 있는 모습을 생각한 30대 초반의 한 참여자는 1년 동안 부동산 유튜브를 구독하고, 주식 투자를 시작하고, 가계부를 작성하는 일을 버킷리스트에 넣어 두었다. 회사를 퇴사하고 개인 사업을 해보고 싶다는 분은 사업 분야를 정하기 위해 책을 읽고, 목돈을 마련하고, 사람들과 다양한 모임을 하고 싶다는 것을 버킷리스트에 넣었다. 내 경우 2021년 버킷리스트를 만들 때 3년 후 내 모습으로 세 권 이상의 책을 낸 작가, 세계 곳곳에서 열리는 마라톤 대회에 참여하는 나를 상상했다. 그리고 사람들에게 동기 부여를 하고, 자기다움을 찾아가는 워크숍을 꾸리며 살아가는 모습을 상상했다. 그렇게 3년 뒤의 내 모습을 정리하니 1년 동안 내가 작가로서, 달리는 사람으로서, 모티베이터로서 어떤 기반을 닦고 무엇을 해야 하는지 가늠해 볼 수 있었다. 덕분에 상당수의 버킷을 내 소망과 연결시킬 수 있었다.

그리고 여기에 유의점 한 가지를 더 말하고자 한다. 3년 뒤의 내 모습을 그려보는 일이 '목표'를 정하는 것과는 구별되어야 한다는 것이다. 즉, '소망'에 가까워도 된다는 것이다. 이는 다소 추상적이어도 또는 비현실적이어도 문제가 없다는 것을 말한다. 즉, 내가 그것을 바라고 있다는 걸 확인하는 것만으로도 충분히 의미 있다는 것을 뜻한다. 『원하는 대로 산다』의 작가도 자신의 소망을 구체적으로 그리는 데 4년이 걸렸다고 한다. 그러니, 굳이 처음부터 각을 잡고 접근할 필요는 없다. 마음을 보는 게 중요한 것이지 얼마나 잘 정리하느냐는 그다음 문제다.

아래는 『원하는 대로 산다』에서 뽑은 한 구절이다.

"지금 당신의 소원이 명확하지 않다 하더라도 결코 초조해할 필요는 없습니다. '인생의 목적'이라는 자신의 진정한 소원은 명확한 형태가 될 때까지 나름의 시간이 걸립니다."

워크숍을 진행하던 첫해, 한 참여자로부터 질문을 받았다. "하고 싶은 일이 아닌 해야 하는 일을 쓰는 것 같은데 어떻게 해야 하죠?" 참여자는 자기가 쓴 리스트가 버킷리스트가 아닌 투두리스트처럼 느껴진다고 했다. 괜찮다고 했다. 계속 쓰다 보면 해야 하는 일을 다 채우고 나서 어느 순간부터 진짜 하고 싶은 일이 튀어나올 거라고 조언했다.

우리는 항상 반드시 해야 하는 일, 의무 같은 일들에 먼저 신경이 쓰인다. 버킷리스트를 처음 쓸 때는 이 둘의 구분이 어렵다. 하고 싶은 일과 해야 하는 일의 경계가 불분명하게 느껴진다. 특히 책임감이 강한 분들일수록 해야만 하는 일이 우선적 보인다.

책『원하는 대로 산다』를 보게 되면 해야 하는 일을 쓰는 것이 단순한 의무감 때문만은 아니라고 한다. 예를 들어, 아이들과 함께 놀기가 육아에 허덕이는 부모에게는 의무감으로 느껴지겠지만, 그 속에는 좋은 부모가 되고 싶다는 바람이 녹아 있다. 의무감이라고 했지만 진짜 원하는 본인의 미래 모습이라고 할 수 있다. 내 경우, 글을 쓰고 꾸준히 달리는 일이 힘들지만 꾸역꾸역하겠다고 생각하고 버킷에 포함시켰던 것도 결국 작가로서 성장하고 싶은 나의 욕망 때문이라고 할 수 있다. 그런 점에서 자신의 미래 모습을 버킷을 쓰기 전에 미리 생각해보는 작업은 정말로 중요하다.

3년 뒤라는 밑그림을 먼저 그리고 시작하면 100개가 주는 막막함에서 어느 정도 탈피할 수 있다. 3년 뒤 소망과 1년 안에 하고 싶은 일을 연결시키다 보면 내가 무엇을 하고 싶은지 술술 나온다. 버킷 100개 쓰기는 3년 뒤의 내 모습을 위해 1년 동안 내가 해야 할 일을 찾는 연결 고리 역할을 한다. 그렇다고 3년 뒤 내 모습을 그리는 일을 너무 정확히 해야 한다는 부담을 가질 필요는 없다. 3년 뒤 내 모습이 '이렇게 되면 좋겠다'는 수준이면 충분하다. 뭐든 해보면서 스스로 깨닫는 법이다. 그러고 나서 조정해 나가면 된다.

6

하고 못하고 한계를 둘 필요는 없다

2019년 휴직을 시작하며 썼던 버킷 중 하나가 책 쓰기였다. 어쩌다 블로그에 글을 쓰기 시작하면서 글 쓰는 게 좋았고, 평소 닮고 싶은 분들이 책을 하나씩 내고 있어서 덩달아 나도 내 책에 대한 욕심이 생겼다. 그리고 책을 쓰면 뭔가 새로운 돌파구가 생길 것 같았다. '제2의 직업을 찾을 수 있지 않을까?'하며 막연하게 기대를 걸었던 것 같다. 하지만 책을 쓰는 일은 생각처럼 쉽지 않았다. 가장 큰 문제는 쓸 거리가 없다는 점이었다. 한 권의 책을 내기에 내가 펼쳐 놓을 게 별로 없었

다. 누구에게나 책 한 권 낼 콘텐츠는 있기 마련이라는
데, 나에게는 그게 없었다.

갈피를 못 잡고 있던 차에, 어느 '책 쓰기' 강사로부
터 내 콘텐츠를 찾아내는 방법 하나를 추천받았다. 그
분은 책 『아티스트 웨이』에 소개된 방법이라며 매일 30
분씩 일기 쓰기를 추천했다. 그가 추천한 일기 쓰기는
두 가지 면에서 특별했다. 첫 번째는 일어나자마자 쓰
는 것이었고, 두 번째는 손가락이 움직이는 대로 쓰는
것이었다. 아침에 일어나자마자 곧바로 30분 동안 백
스페이스(Backspace)키를 쓰지 않고, 맞춤법이 틀려도
상관없으니 손가락을 멈추지 말고 쓰라고 했다. 그렇게
30일 동안 쓰다 보면 잠재의식 속에 있는 것들이 나온
다고 했다.

강사분 말씀대로 아침에 일어나자마자 노트북을 켜
고 30분 동안 '아무 말 대잔치'를 하기 시작했다. 쉽지
는 않았지만 멍한 상태에서 내 생각을 쏟아 내는 경험
이 그리 나쁘진 않았다. 그렇게 해서 글쓰기 소재도 발
굴하고 책까지 낼 수 있었으면 좋았겠지만, 결론적으로
생각한 대로 딱 되지는 않았다. 하지만 꼭 실패한 것도

아니었다. 30일을 채우진 못했지만(한 며칠 쓰다가 중도에 포기해 버렸다) 며칠 동안 내 생각을 뱉어내는 느낌이 좋았다. 그리고 그 과정을 통해서 아빠로서 나의 책임감, 직장 생활의 아쉬움을 보게 되었다. 결과적으로, 그런 것들이 켜켜이 쌓여 첫 번째 책을 쓰는 동기로 작용했다.

이 경험 덕분에 나는 속마음을 알기 위해서는 무언가 뱉어내는 과정이 중요하다는 것을 깨닫게 되었다. 한마디로 머릿속을 싸매고 고민하는 것보다는 **손가락이 움직이는 대로 써 내려가는 것**이 내 안의 깊은 생각들을 끌어 올리는 데 유용하다는 것을 알게 됐다. 이것이 바로 버킷 쓰기를 잘하는 세 번째 방법이다. 버킷 100개를 쓰는 일은 '그냥' 하고 싶은 일을 뱉어내고 발산하는 것이다. 물론 어떤 것을 하고 싶은지 고민하며 찾는 것도 필요하다. (앞서 매일 5분씩 고민하는 연습을 해 보라고 했다.) 하지만 그렇게만 해서는 100개를 채우는 데에 꽤 많은 시간이 필요하다. 그래서 고민을 하되, 하고 싶은 것이 생각나면 곧장 쓰는 게 중요하다.

이렇게 '막 쓰는' 과정은 스스로가 쌓은 장벽을 허무

는 것이기도 하다. 그 장벽은 바로 할 수 있을까에 대한 의심이다. 버킷 100개를 쓸 때는 의식적으로 의심을 지우는 게 중요하다. 즉, 하고 싶다는 것 자체에 집중하는 게 필요하다. 이를 굳이 노력해야 한다고 강조하는 이유는 우리가 버킷을 적는 과정에서 항상 무의식적으로 할 수 있을까를 재보기 때문이다. 할 수 있을까에 대한 의심을 버리고 생각나는 대로 쓰는 작업은 목표를 세우고 계획을 정리하는 것과는 다르다.

만다라트(Mandala-art) 것이 있다. 메이저리그에서 투수와 타자로 동시에 활약하고 있는 일본인 선수 오타니 쇼헤이가 자신의 계획을 세울 때 썼다고 해서 유명해진 방법론이다. 만다라트 기법은 가로세로 세 개씩 9개(3x3)의 정사각형을 만들고 한가운데 이루고 싶은 핵심 목표를 쓴 후 그 주변으로 8개의 세부 목표를 정하는 방식이다. 이 방식은 생각나는 대로 한계를 두지 않고 써가는 버킷리스트와는 근본적으로 다르다. 만다라트 기법은 목표를 잘게 나누고, 나눈 것들을 다시 계획으로 만들어 가는 형태로 내가 원하는 목표를 달성하기 위해 해야 할 과제들을 구체적으로 정리하는 방법이라고 할 수 있다. 이 방법은 구체적인 실행 과제를 만들어 간다는 점에서 실행력을 높일 수 있는 좋은 방법이 된다. 적어도 내가 무엇을 하고 싶고, 무엇을 해야 하는지가 명확한 사람이라면 만다라트 기법이 유용하다. 하지만 대부분의 사람들, 특히 바로 앞만 보며 무한 질주를 해온 직장인들은 오히려 자신의 욕구나 꿈에 대해서는 한 번도 생각해보지 못했기 때문에 이런 분들에게는 버킷 쓰기 같은 방법이 훨씬 더 잘 어울린다. 즉, 실현 가능성을 염두에 두지 않고 자연스럽게 버킷을 써가는 과정에서 오히려 자신의 핵심 목표를 찾을 수 있다는 것이다.

작년부터 내 버킷리스트에는 '라디오 DJ 되기'가 항상 들어가 있다. 어렸을 때부터 아나운서가 꿈이었던 나는 몇 번의 낙방 경험을 하고서, 지금은 평범한 직장인으로 살고 있다. 한때는 아나운서로 살아가는 사람들을 부러워했고 질투심을 느꼈다. 하지만 그때 내 눈에 들어온 매체가 바로 라디오였다. 편안하게 사람들과 이야기를 주고받는 매체로 라디오처럼 좋은 게 없어 보였다. 그래서 무작정 DJ가 하고 싶다는 생각을 버킷리스트에 포함시켰다. 물론, 당장 실현 가능하리라고 생각하지는 않는다. 어쩌면 평생 불가능한 백일몽일 수도 있다. 하지만, 그럼에도 나는 매년 라디오 DJ를 나의 버킷리스트에 담는다. 그냥 내가 하고 싶은 것이기 때문이다.

"허황된 것이지만 리스트에 적혀 있으니 언젠가라도 이것을 달성해야겠다는 생각이 들었습니다."

워크숍에 참석했던 한 분께서 1년을 돌아보는 회고의 자리에서 꺼낸 말이다. 버킷에 써 놓은 것이 지금 기준으로는 허황된 것일 수도 있지만, 언젠가는 달성할지도 모르는 버킷이라는 믿음이 중요하다는 말씀이다. 나 역시도 쓸 때만 해도 말도 안 되는 것이라며 헛웃음이 나왔지만 1년여를 보내며 언젠가는 라디오 DJ가 될 수 있지 않을까, 하는 막연한 기대감을 가지게 되었다. 적어도 그 비슷한 것이라도 하고 있을 것 같다는 생각도 든다. 그런데 신기하게도 그 '비슷한' 것을 할 수 있게 기회가 생겼는데, 그게 바로 줌 미팅이다. 코로나로 인해 사람들과의 오프라인 접촉이 제한된 상황에서 어느 순간부터 온라인 화상 회의는 자연스러운 일이 되었다. 나도 처음에는 뻘쭘하고 어색했지만 하다 보니 온라인으로 사람을 만나는 게 나쁘지만은 않았다. 그리고 그 과정에서 내가 줌 미팅의 사회 보는 일을 즐긴다는 것도 알게 되었다. 착각인지 모르겠지만 '나름' 잘하는 것 같기도 했다. 요즘도 진짜 라디오 DJ는 아니지만 화상 회의를 통해 ON AIR라는 착각을 느끼며 행복하게 방송을 하고 있다. 어쩌면 라디오 DJ를 하겠다는 버킷리스트가 이런 쪽으로 나의 기운을 연결시켜 준 게 아닐까 싶기도 하다. 덕분에 '줌 세계의 유재석'이 되고 싶다는 또다른 허황된(?) 꿈을 갖게 되었다.

이미예 작가의 『달러구트 꿈 백화점』이라는 소설을 인상 깊게 읽었다. 꿈을 제작해서 사람들에게 파는 이야기를 읽으며 작가의 상상력에 감탄했다. 많은 부분이 좋았지만 특히 연말 시상식 자리에서 올해의 그랑프리 작품으로 선정된 '절벽 위에서 독수리가 되어 날아가는 꿈'을 제작한 킥 슬럼버의 수상 소감 장면이 인상적이었다.

"여러분을 가둬두는 것이 공간이든 시간이든 저와 같은 신체적 결함이든 부디 그것에 집중하지 마십시오. 다만 사는 동안 여러분을 자유롭게 할 수 있는 무언가를 찾는 데만 집중하십시오."

한계란 내 신체적 조건이나 주변 환경에 의한 것이 아닌 내가 스스로 그은 선으로 만들어지는 게 아닐까? 그리고 그런 한계는 나의 자유를 억누른다. 버킷리스트 작성으로 나를 규정하는 선을 지우고, 억눌렸던 것에서 해방되는 즐거움을 느꼈으면 좋겠다. 하고 싶은 일을 적는 것 정도에 실현 가능성을 이유로 나를 감출 이유는 없다. 하고 싶다는 마음만으로 충분하다. 나를 자유롭고 행복하게 만드는 것, 그 자체에 집중하는 것이 진짜 우리에게 필요한 일이다.

7

작고 소소한 것도 괜찮다

지인으로부터 영화 『엔딩 노트』를 추천받았다. 2011년에 개봉한 이 영화는 시한부 선고를 받은 60대 남성의 이야기를 담은 다큐멘터리 영화다. 영화의 주인공인 스나다 도모야키씨는 40년간의 샐러리맨 생활을 무사히 마치고 나서, 얼마 지나지 않아 위암 4기 판정을 받는다. 암 선고는 제2의 인생을 계획 중인 그에게 청천벽력 같은 소식이었다. 하지만 스나다 도모야키씨는 예상치 못한 죽음 앞에서 한없이 슬퍼하지 않았다. 대신 자신의 죽음을 겸허히 받아들이며 '엔딩 노트'를 만들어 장례식과 이별을 준비했다.

스나다 도모야키씨가 쓴 '엔딩 노트'는 쉽게 말하면
유서였다. 하지만 사적이고 법적 효력이 없는 가족에게
보내는 각서와 같았다. 그리고 남아 있는 가족들을 위
해 자신의 삶을 스스로 정리한 기록물이기도 했다. 그
는 꼼꼼한 성격 탓에 어느 것 하나 놓치는 것 없이 촘
촘히 자신의 엔딩 노트를 정리했다. 자신의 장례식장
도 미리 둘러보고, 장례식에 부를 지인 명단도 직접 챙
겼다. 재산 목록과 이를 어떻게 분배하면 좋을지도 엔
딩 노트에 썼다. 생을 마감하면서도 남아 있는 가족을
살뜰히 챙기는 그는 삶이라는 이야기를 해피엔딩으로
마무리하고 싶어 했다. '평생 믿지 않았던 신을 믿어 보
기' '한 번도 찍어보지 않았던 야당에 표 한 번 주기'
'일만 하느라 소홀했던 가족들과 여행 가기' 등 자신의
솔직한 마음을 담은 리스트를 작성하고 그것을 하나씩
실행에 옮겼다.

리스트 중 개인적으로 가장 인상적이었던 것은 마지
막으로 정리한 열 번째 항목이었다. 죽기 직전에야 비
로소 실행으로 옮겼던 '쑥스럽지만 아내에게 사랑한다

말하기'. 40여 년 간 인생의 반려자로 살아온 아내에게 사랑한다고 말하는 것은 죽기 전 그가 해야 할, 아니 가장 하고 싶은 일이었다. 영화에서 그는 죽기 직전까지 그 말을 하는 자신을 쑥스러워했다.

흔히들 죽기 전에 해야 할 일이라고 생각하면 이제껏 한 번도 해보지 못한 새로운 것들을 떠올린다. 그래서 보통의 버킷리스트에는 스카이다이빙이나 번지점프 같은 익스트림 액티비티나, 한 번도 가보지 못한 곳으로의 여행, 이루지 못한 꿈 실현하기 등과 같은 거창한 것들이 주로 올라온다. 하지만 영화 『엔딩 노트』를 보면 한 번도 해보지 못한 새롭고 특별한 것 대신 가장 사랑하는 사람들과의 평범한 일상도 그런 것이 될 수 있음을 알 수 있다. 버킷 100개를 쓰는 과정도 이와 비슷하다. 쓰다 보면 일상의 평범하고 사소한 것들이 얼마나 소중한지를 깨닫는다. 그래서 내가 제안하는 버킷 쓰기의 네 번째 방법은 **크고 대단한 것도 좋지만 시작은 작고 소소한 것부터 써보기**이다.

맨 처음 100개의 버킷을 채울 때는 나도 그랬고 다

른 분들도 그랬고, 크고 거창한 것들을 주로 생각한다. 계획이라면 응당 그래야 한다고 생각했다. 그래서 책 쓰기, 여행, 진로 탐색 등 인생의 목표와 연관된 '큰' 활동들이 주를 이룬다. 물론 리스트를 통해서 내가 가진 꿈과 열정을 확인하는 것도 좋지만 그렇지 않은 작은 일도 있다. 이를테면 혼자서 식당에서 고기 구워 먹기, 헌혈하기 같은 것들 말이다. 100개의 버킷을 쓸 때는 작은 일을 쓰는 것도 큰 계획을 쓰는 것만큼이나 중요하다. 소중한 사람들과 만들고 싶은 새로운 경험, 그동안 너무 작은 것들이라고 생각해서 계획이라고 부르기도 곤란했던 것들, 그래서 오히려 잘 안 챙기게 되는 것들, 그런 것들을 이 기회를 이용해 챙길 수가 있다. 예를 들면, 아내 생일에 미역국 끓이기, 주말마다 부모님께 전화하기, 아이들에게 손편지 쓰기 같은 것들이다. 이런 일들은 언제라도 할 수 있지만 해야겠다는 마음을 먹지 않으면 자꾸 미루게 되는 그런 일들이다. 이런 사소한 것들을 버킷으로 써보게 되면 내가 관계 맺고 있는 소중한 사람에 대해, 그들과 무엇을 함께 하고 싶은지를 생각해 볼 수 있다. 워크숍을 통해 버킷리스트를 함께 작성한 분들 중에도 이같은 경험을 한 분들이 많다.

고등학교 3학년 자녀를 둔 학부모가 있었다. 그분은 공부에 관심이 많은 열성 아버지였다. 하지만 아이는 아버지의 열성을 따라가지 못하고 오히려 반대로 가고 있었다. 아이 공부 때문에 강남까지 이사를 왔지만 아이는 하라는 공부는 않고 점점 비뚤어지기만 했고, 담배를 피우다 적발되는 바람에 아버지가 학교에 가서 선생님들께 죄송하다고 빌어야 했다. 성적은 바닥을 쳤고, 아이와 아버지의 관계는 당연히 소원해질 수밖에 없었다. 그분은 버킷의 하나로 '수도권 산 다섯 곳을 아들과 함께 오르기'를 적었다. 아이와의 관계도 회복하고 추억도 함께 만들고 싶어 쓴 버킷이었다. 아버지의 마음을 알았는지 아들은 순순히 아버지와 산에 올랐다 (다섯 곳을 다 오르면 에어팟을 사주겠다는 뒷거래가 없었다면 불가능했겠지만).

한 해를 돌아보는 연말 워크숍에서 그분은 1년을 회고하며 본인이 가장 잘한 일로 아이와의 등산을 꼽았다. 함께 한 등산 덕분에 자녀의 마음을 조금은 이해할 수 있게 되었다고 했다. 아들은 대학에 가지 않고 취업의 길을 선택했지만, 지금은 그 선택을 지지하고 응원해 줄 수 있는 마음을 가지게 되었다고 했다. 등산이 서로의 얼어붙은 마음을 녹이는 데 큰 역할을 한 셈이다. 그분은 이제서야 이런 소중한 경험을 했다는 것을 아쉬워했지만, 한편으로는 지금부터라도 소중한 경험을 쌓아갈 수 있어 다행이라고 했다. 사랑하는 사람과의 소소한 경험이 얼마나 소중하고 중요한지 알 수 있는 사례다.

버킷리스트라는 말 때문에 꼭 '대단한 것'을 써야 한다는 생각을 한다면, 그런 압박을 벗어던져도 된다. 물론 도전이나 성취와 연결되는 '대단한 것'도 필요하겠지만 편안하게 주변 소중한 사람들과 해보고 싶은 작은 일들도 중요하다. 일상에서 놓치고 있던 것들, 너무 가까운 사이라 당연한 거라 생각했던 것들, 쉬우니 천천히 하자고 생각했던 것들. 그 속에서 내가 놓치고 있던 것을 확인할 수 있다. 그리고 그 과정에서 내가 소중하게 생각하는 사람들과 함께 하고 싶은 사람들도 새롭게 발견할 수 있다.

나의 경우, 버킷리스트를 작성할 때마다 아내 생일에 할 것들을 꼭 포함시킨다. 아내의 생일이 1월이라 여러 버킷 중 맨 먼저 실행하게 되는데, 그게 나의 1월을 언제나 특별하게 만들어준다. 아내를 향한 내 마음을 전달했다는 뿌듯함과 동시에 벌써 100개의 버킷 중 하나를 실천했다는 자부심도 준다. 그리고 이런 뿌듯함은 결국 다른 버킷들을 연이어 실천 할 수 있게 해주는 원동력이 된다. 하나라도 더 할 게 없나 찾아보게 되고 또 다른 작은 것을 실천하려는 노력으로 이어지기도 한다.

많이 살지는 않았지만, 삶이란 게 꼭 대형 프로젝트를 통해서 큰 성취를 이루는 것만이 전부는 아닌 것 같다. 오히려 작은 것들을 하나씩 쌓아가는 과정에서 1년이 풍요로워지는 것 같다. 대단하지 않지만 중요한 것들이 주변에 있다는 것, 그리고 그것을 실천하는 기쁨이 우리 삶에 중요하다는 사실을 잊지 않았으면 좋겠다.

영화 『엔딩노트』를 검색하다 유튜브에서 엔딩노트

와 관련한 동영상 하나를 보았다. 죽음과 관련한 네 가지 질문에 대해 나이도 직업도 다른 네 사람의 인터뷰를 담은 영상이었다. 영상을 보는 내내 삶과 죽음 그리고 일상에 대해 생각해 볼 수 있었다. 가장 행복했던 순간에 대한 질문에 나이가 지긋한 한 여성분은 식구들이 모여서 내가 한 음식을 맛있게 먹고 '잘 먹었습니다'라고 말할 때라고 대답했다. 이를 보며 행복이란 휘몰아치는 태풍을 견디고 성취해낸 대단한 것이라기보다는 일상에서 느끼는 산들바람 같은 것이 아닐까 하는 생각을 했다. '하루밖에 남지 않았을 때 가장 하고 싶은 것'에 대한 대답도 인상적이었다. 20대로 보이는 여성 출연자는 늘어지게 늦잠을 자고 TV를 보다 엄마가 해 준 쫄면을 먹으며 평범한 하루를 보내고 싶다고 했다. 특별한 이벤트보다는 일상의 소중함을 온전히 느끼고 삶을 마감하고 싶다는 대답에서 영화 『엔딩노트』의 스나다 도모야키씨가 생각났다. 시한부 선고를 받은 그가 가장 바라던 것도 아내와 아들딸 그리고 손녀들과 함께하는 평범한 일상이었다.

많은 사람들이 평범한 일상의 소중함을 잊지 않고,

사소한 것들을 챙기며 살아갔으면 좋겠다. 죽음을 앞둔 스나다 도모야키가 그랬던 것처럼 그리고 동영상 인터뷰에 출연했던 분들처럼. 그게 어쩌면 바라던 진짜 중요한 것인지도 모른다.

아래 정리한 10가지 버킷은 그동안 워크숍에 참석하셨던 분들의 소소함이 묻어나는 버킷 리스트다. 일상에서 하고 싶은 소소한 것들에 어떤 것이 있는지 리스트를 보면서 한 번 생각해 보면 좋겠다.

- 할머니에게 사랑한다 말하기
- 동생이랑 여행가기
- 네일 샵에 3번 이상 가기
- 남편이랑 영화관 데이트하기
- 부모님께 손편지 쓰기
- 아들과 목욕탕 함께 가기
- 남편에게 감사문자 보내기
- 친구 밥 사주기
- 조카들 칭찬해주기
- 아이에게 맛있는 음식 만들어 주기

8

이왕이면 구체적이고 세세하게 써보자

습관과 관련해서 읽었던 책 중 개인적으로 가장 인상적인 책은 『아주 작은 습관의 힘』이다. 이 책은 불의의 사고를 겪고 더이상 운동을 할 수 없게 된 어느 선수가 재활 과정에서 터득한 작은 습관의 힘을 알려주는 책이다.

저자는 책에서 습관을 만드는 몇가지 방법을 알려주는데, 그중 하나는 습관을 '분명히 하라'는 것이다. 저자는 습관을 계속해서 유지하기 위해서 또는 나쁜 습관을 제거하기 위해서는 습관을 명확히 만들어야 한다고 강조했다. 원서에는 'Make it obvious'라고 간결하게 표현했는데, 언제 어디서 행동을 옮길 것인지 장소와 시간을 분명히 하는 것이 습관을 유지하는 좋은 방법이라고 했다. 아침에 일어나자마자 거실로 나와 물을 마신다거나, 저녁에 자기 전에 침대에서 감사 일기를 쓴다든가 하는 등 구체적인 행동과 시간, 장소를 정해 두는 방법이다.

나는 이 부분을 읽으면서 나의 글쓰기 습관과 달리기 습관을 생각했다. 이 두 가지를 습관으로 만드는 것은 여간 어려운 게 아니다. 분명 좋아하는 일들이지만 매번 글을 쓸 때마다 힘이 들고, 달리기를 위해 현관문을 나설 때마다 백만 번 고민을 한다. 일본 소설가 하루키의 말처럼 하지 말아야 할 이유는 언제나 한 트럭이나 있다. 글쓰기와 달리기가 내게 큰 영향력을 주는 것임에는 틀림없지만 그걸 즐기는 마음으로 매일 기다린다고 말하기는 어렵다. 그럼에도 불구하고 꾸준히 글을 쓰고 달리기를 할 수 있는 이유는 루틴을 분명히 만들었기 때문이다. 나는 매일 아침 6시 30분마다 블로그에 새 글을 발행한다. 달리기도 시간을 정해 놓고 달린다.

그리고 일어나자마자 어떠한 다른 일도 하지 않고, 무조건 달린다는 것을 원칙으로 삼고 있다. 그렇게 구체적인 환경을 정해 놓은 덕에 하지 말아야 할 이유가 한 트럭이나 있음에도 불구하고 지금까지도 꾸준히 달리기와 글쓰기 습관을 유지해 오고 있다.

버킷리스트를 작성하는 데 있어 습관 이야기를 꺼낸 이유는 버킷을 잘 쓴다는 것이 이왕이면 실제로 실천으로 옮길 수 있는 버킷이어야 하고, 그런 점에서 100개의 버킷을 '분명히'해 두는 게 필요하기 때문이다. 이번 꼭지에서 말씀드릴 버킷 쓰기를 잘하는 다섯 번째 방법은 **구체적이고 세밀하게 '분명히' 쓰는 것**이다. 앞에서는 실현 가능성을 염두에 두지 않고 자유롭게 쓰라고 했다. 그런데 이번에는 실천에 옮기기 쉽도록 디테일하게 쓰라고 한다. 이처럼 100개의 버킷 안에는 자유롭게 쓴 것과 실천을 염두에 두고 쓴 것들이 함께 공존한다. 이번 글에서는 실천을 염두에 두고 쓴 버킷을 두고, 시간과 장소를 명확히 하는 것에 대한 얘기를 하려고 한다.

가장 먼저 기한을 정해 보자. 1년 동안 하고 싶은 일이라는 전제가 있기는 하지만 이왕이면 1년 중 언제 할 것인지 구체적 시간 또는 기간을 정해 두면 좋다. 여행을 떠나고 싶다면 여름휴가 시즌에 갈 것인지 또는 가을 단풍철에 갈 것인지를 명확히 하는 것이다. 하고 싶은 일을 1년 내내 하기 부담스러운 경우라면 기간을 나누는 것도 방법이다. 내 경우 '한 달 동안 채식주의로 살아보기' '100일 동안 술 마시지 않기' 등과 같이 1년 동안 계속 하기는 어렵지만 추가로 경험해 보고 싶은 것들을 버킷리스트에 넣어두었다. 1년 내내 한다고 생각할 때는 부담스러웠지만 딱 한 달만 해보자고 생각하니 가벼운 마음으로 시도할 수 있었다.

구체적으로 작성한다는 것이 꼭 시간과 장소를 정하는 것만을 의미하지는 않는다. 내가 하고 싶은 일을 세밀하게 적어보는 것도 일종의 구체화다. 이때는 하고 싶은 일의 범위를 좁히는 것이 필요하다. 많은 사람들이 새해 계획으로 세우는 운동하기, 영어 공부하기, 다이어트 하기 등과 같은 것을 예로 생각해보자. 어떤 운동을 얼마나 할 것인지, 영어 공부는 토익 시험으로 할 것인지 원서 읽기로 할 것인지 그리고 다이어트를 하게 되면 어떤 결과를 기대하는지, 조금 더 구체적으로 작성할 수 있다.

단계별로 쪼개 보는 것도 좋은 방법이다. 내가 원하는 하나의 목표를 위해 해야 할 일을 세분화하는 방법이다. 워크숍 참석자 중 한 분이 '유튜브 구독자 1,000명 만들기'를 버킷으로 작성한 적이 있다. 분명 좋은 버킷이었지만 당시 유튜브 계정도 없던 상황이라 가야 할 길이 험난해 보였다. 물론 실현 가능성이라는 틀에 갇힐 필요는 없지만 이를 잘게 나눠서 실행해 본다면 훨씬 현실감이 높아질 것 같았다. 나는 그분께 1,000명의 구독자를 만들기 위해 어떤 단계를 거치면 좋을지 생각해보라고 말씀드렸다. 예를 들어, 유튜브 계정을 만들어서 프로필을 꾸민다, 콘텐츠 주제를 정한다, 콘텐츠를 꾸준히 업데이트 한다, 영상 편집 기술도 익힌다. 이런 식으로 하고 싶은 큰 목표를 먼저 생각하고 그것을 잘게 쪼개고 나면 내가 무엇을 어떻게 해야 하는 지가 구체적으로 확인된다. 30권 책 읽기가 목표라면 재테크 책 읽기, 영어 책 읽기, 소설책 읽기 등으로 여러 개로 나눠 보면 내가 무슨 책을 어떻게 읽어야 할

지가 명확해진다. 물론 이렇게 세밀하게 쪼개고 구체적으로 만드는 일이 100개라는 숫자를 채우려 일부러 그러는 것 아니냐고 할 수도 있다. 하지만 이렇게 쪼개 놓아야 내가 할 수 있는 일에 대해 부담을 덜고 쉽게 움직일 수 있다. 스스로 계단을 만들어 가는 것이라 할 수 있고 막연한 목표에 현실 감각을 일깨우는 작업이라 할 수도 있다.

"글쓰기뿐만이 아니라 누군가에게 뭘 물어볼 때 자신의 질문이 얼마나 구체적인지 한 번 살펴보면 어떨까. (중략) 누군가의 질문이 구체적일수록 그는 이미 구체적으로 뭔가를 해온 것이고 그만큼 그의 삶은 구체성을 띤 것이리라. 그런 사람이 얻을 수 있는 건 누가 어떤 조언을 해주건 단편적이고 무성의한 질문을 던진 사람과는 많은 차이가 있지 않을까."

인기 록 밴드 '언니네 이발관'의 이석원 작가가 쓴 책 『2인조』에 나오는 이야기다. 이 부분을 읽으면서 구체적인 질문이 얼마나 중요한지 생각해보았다. 질문이든 답이든 버킷리스트든 간에 무엇이든 구체적인 것이 중요하다. 내가 무엇을 원하는지, 하고 싶은 일이 무엇인지 구체적으로 고민하는 것은 나의 고민을 깊고 현실적인 것으로 만들어 준다. 그렇게 구체적으로 나를 고민하는 사람은 두리뭉실하게 '하고 싶다'라는 바람만 갖고 있는 사람과는 큰 차이가 날 수밖에 없다. 자신에 대한 이해의 폭도 다르고 하고 싶은 것을 실행하려는 의지에서도 큰 차이가 날 수밖에 없다. 그러니 버킷 쓰기를 할 때 모든 버킷을 그렇게 할 수는 없지만(그냥 생각나는 대로 써야 하기도 하지만), 몇 가지 버킷에 대해서는 세분화 된 실행 계획으로 구체적으로 써보자. 이것이 버킷을 잘 쓰는 다섯 번째 방법이다.

9

숫자를 넣으면 실천력이 올라간다

나는 사회생활을 시작한 후 줄곧 같은 회사에서 근무하고 있다. 이직이 활발하지 않은 업종(금융계)에서 근무하다 보니 나도, 동료들도 회사 중심으로 사람을 만나고 생활을 하는 것이 편하다. 그런데 그러다 보니 만나는 사람들이 늘 국한되는 문제가 발생한다.

한 때는 일도 함께 하고 술도 함께 마시며 하루 종일 회사 사람들과 붙어 다녔다. 서로의 사정을 잘 알다 보니 회포를 푸는 것도 편했고, 취미를 공유하는 것도 편했다. 내 경우에는 그러다가 회사 동료인 아내를 만나

결혼까지도 했으니, 내가 만나는 사람 중 90% 이상이 회사 사람들이었다고 해도 과언이 아니다. 하지만 직장에 대한 회의감이 들기 시작하면서부터는 회사 사람들을 만나는 게 불편해지기 시작했다. 그들과 매일 같이 만나 비슷비슷한 불만을 토로하고 하는 것이 그다지 생산적이지 않았고 허무함만 남을 뿐이었다. 그런 이유 때문이었는지 나는 조금씩 회사 밖으로 나가 외부 활동을 하기 시작했다.

2017년을 맞이하면서 새해 계획이란 걸 세운 것도 그런 이유 때문이었다. 당시에는 버킷리스트 작성에 대해 잘 모르던 때라 일 년 동안 다섯 가지만 해보겠다는 마음으로, 1년 계획이란 걸 연초에 세웠다. 그때 세운 계획이 아래와 같다.

- 영어 토론 해보기
- 운동해서 몸무게 73kg 만들기
- 회사 외 5명 인맥 만들기
- 아이들한테 화내지 않기
- 요리하기

특별히 대단한 것을 계획한 것은 아니지만, 당시 나에게는 충분히 의미 있는 일들이었다. 오랜만에 세운 새해 계획이라 꼭 이루고 싶다는 생각에 다섯 가지 목록을 냉장고 벽에 붙여 놓고 1년을 보냈다. 매일같이 꼭 해야겠다고 다짐하며 지낸 건 아니지만, 냉장고 문을 열 때마다 종이에 쓴 계획들이 나를 자극했다. 그렇게 1년을 보내고 연말이 되어 한 해를 정리하면서 연초에 세운 다섯 가지 계획을 돌아보았다. 냉장고에 붙여 놓을 정도의 열정이라면 응당 다섯 가지를 다 완수해야 했겠지만 아쉽게도 나는 두 가지밖에 실천하지 못했다. 그 두 가지는 운동을 통해 몸무게 73kg을 만드는 것과 회사 밖 인맥 5명 이상을 만드는 것이었다.

다양한 일에 도전하면서 나를 바꿔보고자 1년을 노력했건만 수확이 그리 만족스럽지 않아 아쉬웠다. 다섯 개 중 두 개를 했으니 40점밖에 못 맞은 셈이었다. 연말 성적표가 실망스러웠지만 그래도 긍정적으로 생각했다. 어찌 됐든 두 개나 이룬 것이고 나머지 세 개도 그럭저럭 시도라도 했으니 말짱 꽝이었다고 보기는 어려웠다. 그리고 그간 회사와 집만 오가며 나를 돌보지 않은 것치고는 장족의 발전이었다. 개인적으로는 자기 계발의 시작점이라 불러도 좋을 만큼 결실을 이룬 한 해였다. 그리고 무엇보다 중요한 한 가지를 알게 되었다. 그것은 바로 목표 달성을 한 것과 그렇지 못한 것의 이유, 그 차이가 무엇에서 비롯되는지 알게 되었다는 것이다. 이 부분이 이번 꼭지에서 말하고자 하는 버킷 쓰기를 잘하는 여섯 번째 방법이다.

실천을 잘한 것과 그렇지 않은 것, 그 차이는 '73'과 '5'에 있었다(당시 내 목표는 몸무게 73kg, 사외 인맥 5명 쌓기). 이게 무슨 말이고 하니, 계획에 숫자가 들어가고 안 들어가고에 따라 달성 여부가 결과적으로 달랐다는 것을 말한다. 즉, 숫자가 있어 측정이 가능한 계획은 비교적 달성이 쉬웠던 반면, 그렇지 않은 계획은 제대로 실천한 게 없었다. 그리고 연말이 되어서 했는지 안 했는지를 평가하는 입장에서도 숫자가 있는 것이 훨씬 판단하기 수월했다. 숫자가 없는 목표에 대해서는 평가에서도 다소 애매할 수밖에 없는데, 아이들에게 화를 안 내려고 노력한 건 맞지만 그렇다고 화를 아예 안 낸 것은 아니었고, 요리도 몇 번 하긴 했지만 익숙할 정도로 한 건 아니라서 이런 것들은 했다 안 했다를 평가하기가 애매했다. 영어 공부도 마찬가지였다. 그제야 계획을 조금 더 잘 세웠더라면 낫지 않았을까, 하는 생각이 들었다. 그랬더라면 40점보다는 좀 더 높은 성적표로 2017년을 마무리했을 수 있었을 것 같았다.

정리해보면, 내가 하고 싶은 일의 범위를 좁혀야 실행에 옮기기 쉽고 진짜 원하는 것에 더 빨리 이를 수 있다. 그리고 행동으로 옮기는 동력을 확보하기 위해서는 버킷이 측정 가능한 것이면 더 좋다. 그래서 **버킷을 쓸 때 '숫자'를 이용하는 게 필요하다.** 숫자를 집어넣으면 실천하기도 쉽고 달성 여부를 판단하기도 쉬워진다. 그래서 하고 싶은 일을 행동으로 옮길 수 있게 도와주는 것이 바로 숫자다.

2017년의 경험은 그다음 해 정식으로 버킷리스트를 쓰기 시작할 때 중요한 가르침을 주었다. 다음 해 버킷리스트를 쓸 때는 그 해 연말을 상상해 보고 그 시점에서 한 해를 돌아보는 나의 모습을 미리 생각해보았다. 그리고 실천 여부를 평가하기 쉬운지 생각해보고 버킷들을 구체화했다. 이런 이유로 나는 버킷리스트에 의도적으로 숫자를 많이 집어넣는다. 물론 100개의 버킷 모두에 숫자를 넣을 순 없다. 그럼에도 가능하면 그렇게 하려고 노력한다. 2,000km 달리기, 책 100권 읽기, 아이들과 5번 이상 캠핑 가기 등과 같은 것이 그런 예다. 그러면 버킷이 좀 더 생생하게 살아나는 느낌이 든다.

당연히 워크숍을 진행할 때에도 참여자분들께 '측정 가능한' 형태로 버킷을 쓰라고 강조한다. 워크숍 참여자분들의 리스트에 자주 등장하는 단어가 '꾸준함'이다. 꾸준히 운동하기, 꾸준히 유튜브에 동영상 올리기, 새벽 기상 꾸준히 하기 등이다. 하지만 어떻게 해야 '꾸준히' 하는 것인지에 대해서는 그 기준이 다들 모호하다. 그때마다 나는 꾸준함을 숫자로 대체해 보라고 권한다. 숫자가 정해지면 참여자들은 1년 동안 자신이 얼마나 꾸준하게 했는지 안 했는 지를 좀 더 구체적으로 파악하게 된다. 단순히 했고 안 했고를 이분법적으로 따지기보다는 했으면 얼마나 했는지, 못했다면 어느 정도 못했는지 판단할 수 있는 근거를 얻게 된다.

경영학자 조지 도란은 1981년 합리적인 목표 설

정을 위한 방법으로 'SMART 방법론'이란 걸 제시했다. 목표 설정을 위해 충족해야 할 다섯 가지 항목의 앞글자를 따서 만든 방법론이다. 목표는 구체적이고(Specific), 측정 가능하며(Measurable), 달성할 수 있는 수준이어야(Attainable) 하며, 꿈이나 비전과 관련(Relevant)이 있고, 시간제한(Time bound)이 있어야 한다는 방법론이다. 이 중 다른 항목들도 중요하지만 측정 가능한 것이야말로 목표나 계획을 진짜 나의 것으로 만드는 현실적인 작업이다.

버킷 100개 쓰기를 처음 접하면 그 과정이 쉽지 않다는 것을 알 수 있다. 하지만 3년 후에 내가 어떤 모습으로 살고 있을지를 상상해보고 그것을 위해 1년 동안 무엇을 할 지 생각해 본다면 훨씬 쉽게 버킷 쓰기가 가능해진다. 그리고 내가 가지고 있는 한계를 고려하지 않고 마음대로 작성해 보는 것이 중요하다. 그래야 내 진심이 자연스레 묻어난다. 하지만 아무리 자유롭게 작성한 버킷이라도 제대로 해보고 싶다면 조금 더 구체적인 접근이 필요하다. 글을 퇴고하듯 버킷리스트의 범위를 좁혀 가는 것이 중요하다. 그래야 내가 하고 싶은 일이 더욱 뾰족하게 드러난다. 숫자는 이런 뾰족함의 날을 더 세우도록 도와주는 역할을 한다.

이제 버킷리스트까지 완성했다. 지금까지 총 여섯 개의 버킷 쓰기 방법을 얘기했다. 첫 번째는 매일 5분 동안 하고 싶은 일을 생각하고 기록하는 연습을 해두는 것이다. 두 번째는 3년 뒤 내 모습을 그려보고 버킷을 써보는 것이다. 세 번째는 떠오르는 대로 한계를 두지 말고 써보는 것이다. 네 번째는 크고 대단한 것 보다 작고 소소한것부터 써보는 것이다. 다섯 번째는 시간과 장소를 포함해 구체적으로 써보는 것이다. 마지막 여섯 번째는 숫자를 넣어서 버킷의 실천 여부를 파악할 수 있게끔 쓰는 것이다.

다음 꼭지부터는 버킷리스트를 완성한 후 실천과 연계된 것들을 이야기하려고 한다. 단순히 100개의 버킷을 완성했다는 것에만 만족하지 않고, 진짜 나의 욕망을 찾는 활동으로 연결하고 싶다면 다음 꼭지부터 이어지는 이야기에 주목해보자.

10

버킷리스트가 알려주는,
나는 이런 사람이야

버킷리스트를 작성한 지 삼 년째인 2020년, 이제는 내가 무엇을 좋아하고, 무엇을 바라는지 그리고 어떤 사람이 되고 싶은지가 어느정도 확실해진 것 같았다. 그러면서 막막했던 내 삶의 지향점도 어렴풋이 보였다. 덕분에 세 번째 쓰는 버킷리스트는 훨씬 수월했다. 안개가 걷히니 목적지가 보였고, 거기에 다다르기 위해 내가 뭘 해야 할지도 쉽게 정리가 되었다. 그리고 그에 맞춰 새로운 도전도 이어가고 싶었다.

나는 버킷 100개를 두고서 나 자신을 몇 개의 단어로 정리해보고 싶었다. 일종의 키워드처럼 "저는 이런 사람입니다"라고 말하고 싶었다. 그렇게 한다면 내가 바라보는 곳, 지향점이 더욱 뚜렷해질 것 같았다. 그렇게 해서 내가 뽑은 키워드는 '꾸역꾸역' '으쌰으쌰' '스며들다'였다. 실제로 2020년은 이 세 개 단어가 특별한 의미로 다가온 한 해이기도 했다.

'꾸역꾸역'은 작가 제현주의 책 『일하는 마음』에서 따온 말이다. 버킷리스트를 작성하고 내가 원하는 것이 꾸준한 성장이라는 것을 알게 된 후, 나는 꾸준함을 무기로 하나둘 새로운 습관을 만들어 갔다. 그렇지만 현실은 녹록치 않았다. 꾸준히 노력하면 될 거라는 기대가 있었지만 성과가 보이는 것 같지는 않았다. 그럴 때마다 헛물을 켜고 있는 건 아닌지 걱정이 되었다. 매일 글을 쓰고, 사람들과 만나 소통을 하고, 매일 달리기를 하는 나의 노력들에 의구심이 들기 시작했다. 아등바등 버티는 것 같아 안쓰러웠다. 그때 제현주 작가의 책에서 "꾸역꾸역 버티는 시간이 잘함으로 환산되지 않더라도 그 시간은 사라지지 않는다"라는 문장이 눈에 들어왔다.

그 말이 큰 위로가 되었다. 끝이 보이지 않는 것 같은 지금의 노력들이 결코 사라지지 않는다고 하니 은행 적금처럼 원금은 보장되는 것 같아 안심이 되었다. 수익률은 높지 않을지언정, 매일 적금처럼 붓고 있는 나의 노력들이 어디로 도망가지는 않고 잘 쌓이고 있다고 생각하니 위로가 되었다. 덕분에 '꾸역꾸역'이라는 다소 부정적인 뉘앙스의 단어가 이제는 무한 긍정의 단어로 바뀌기 시작했다.

'꾸역꾸역'이 나 자신을 향한 말이라면 '으쌰으쌰'는 사람들에게 내가 던지고 싶은 말이었다. 휴직을 하고, 다양한 모임을 하면서 사람들을 만나고, 그들과 소통하는 기쁨이 컸다. 특히 누군가를 도와주거나 응원할 때 마치 내가 뭐라도 된 것 같아 좋았다. 사실 가장 많은 응원을 받은 사람은 오히려 나였다. 내가 더 힘이 났고 떨어진 자존감도 회복할 수 있었다. 스스로 더 쓸모 있는 사람이라는 생각도 들었다. 그래서 사람들에게 더 적극적으로 응원을 전해주고 싶었다. '으쌰으쌰' 기운을 불어넣어 주고, 나 또한 함께 '으쌰으쌰' 하고 싶었다.

마지막으로 '스며들다'는 한 블로그 이웃 덕분에 내

게 들어온 단어였다. 그 분은 내가 올리는 글마다 한동안 내 글에 '스며들었습니다'라는 댓글을 달아주곤 했다. 내가 글로써 전하는 메시지가 자신에게 도움이 되었다는 식의 표현이었다. 그런데 그분의 댓글이 잦아질수록 이제는 내가 그 말에 어느새 스며들고 있었다. 그러면서 블로그 이웃이 던진 말처럼 빨리 타버려서 금세 사그라지는 사람이 아니라, 천천히 스며들어 주변을 짙게 물들이는 사람이 되고 싶었다.

그렇게 2020년을 '꾸역꾸역' '으쌰으쌰' '스며들다'라는 단어와 함께 보냈다. 언어가 주는 효과라고 해야 할까? 수시로 세 단어가 내 삶에 영향을 미쳤다. 흔들릴 때마다 '꾸역꾸역' 버틸 수 있었고, 그런 다음에는 '으쌰으쌰' 하며 사람들에게 기운을 불어넣고 나 역시도 응원받을 수 있었다. 그리고 '스며들기' 위해 천천히 다가가는 여유도 가질 수 있었다. 세 개의 키워드는 1년 내내 나를 조종하며 움직이게 했다. 그러던 중 그 해가 끝날 때쯤 책 하나를 만났다. 정인성 작가가 쓴 『밤에 일하고 낮에 쉽니다』라는 책이었다. 작가는 '책바'라는 공간을 운영하는 분이었는데, 잘 다니던 직장을 그만두고 자신이 좋아하는 책과 술을 엮어서 새로운 공간을 만들고 같은 취향을 가진 사람들과 소통하는 문화를 만들고자 하는 분이었다.

책에는 그 사람의 히스토리가 있었는데, 다양한 활동이 인상적이었다. 작가 역시도 자신을 몇 개의 키워드로 정리하고 있었다. 나 역시 처음으로 '꾸역꾸역' '으쌰으쌰' '스며들다'라는 단어를 뽑고 버킷을 실천하던 시기라 작가의 이야기가 내 눈길을 사로잡았다.

"기나긴 고민 끝에 어느 정도 나를 표현할 수 있는 키워드들을 찾아냈다. 바로 '균형 잡힌 삶, 건강한 개인주의, 낭만을 꿈꾸는 현실주의자'다. (중략) 단순히 나를 소개하겠다며 시작한 일이었으나 많은 생각을 해볼 수 있었다. 나라는 사람에 한 발자국 더 가까워진 느낌이었다."

키워드를 정리하고, 자신의 본래 모습에 더 가까워졌다는 작가의 말이 마치 내가 쓴 것 같은 느낌이 들었다. 깊이 공감했다. 그리고 작가가 쓴 글처럼 나도 나의 키워드를 좀 더 문장형으로 정리하면 훨씬 나를 입체적으로 설명할 수 있지 않을까 하는 생각을 했다. 그래서 다음 해 2021년이 시작되자마자 버킷 100개를 정리한 후 나를 설명하는 키워드를 새롭게 만들었다.

- 꾸역꾸역 들인 시간을 소중히 여기는 사람
- 선한 영향력을 믿는 외향형 인간
- 욕심꾸러기 멀티플레이어

새롭게 정리한 키워드는 1년 전 키워드에서 연장선에 있는 것도 있고, 새롭게 등장한 것도 있었다. 욕심이 앞섰는지 키워드라고 하기엔 다소 과하게 보이는 것도 있었다. 하지만 나를 잘 설명해주는 것 같다는 생각이 들었다. 무엇보다 1년 전 키워드에 비하면 훨씬 구체적이란 생각이 들었다.

'꾸역꾸역 들인 시간을 소중히 여기는 사람'은 1년 전 만들었던 '꾸역꾸역'에 살을 붙인 버전이다. 꾸역꾸역 버티는 것을 긍정하면서 동시에 즐기고 싶은 마음을 담아 만든 키워드다. 좀 더 적극적으로 활동하면서 나의 꾸준함을 활용해 새로운 결과물을 만들어 보겠다는 바람을 담아 보았다. 사람들과의 관계에 대해서도 조금 더 진화된 키워드를 만들었다. 좋은 기운만 불어넣어 주는 것을 넘어, 나만의 콘텐츠를 만들어 실질적인 도움을 주고 싶다는 바람을 담아 '선한 영향력을 믿는 외향형 인간'이라고 키워드를 뽑아보았다. 마지막으로 새롭게 쓴 '욕심꾸러기 멀티플레이어'는 이것저것 해보고 싶은 나의 마음 상태를 솔직하게 표현한 키워드다. 버킷리스트를 몇 년째 쓰다 보니 하고 싶은 일이 많아졌다. 직장 생활도 잘하고 싶고, 글 쓰는 일도 계속하고 싶고, 다양한 워크숍을 통해 사람들에게 좋은 기운도 계속해서 불어넣어 주고 싶었고, 라디오 DJ도, '줌계의 유재석'도 되고 싶었다. 물론 두 아들의 좋은 아빠가 되는 일도 포기하기 싫었다. 과욕이라고 할 수 있지만 하고 싶다는 마음이 들 때 이것저것 다 시도해봐야 할 것 같았다.

그렇게 키워드를 다 만들고 나니 월동 준비로 김장을 다 끝낸 주부처럼 마음이 든든했다. 2020년이 그랬듯 2021년의 새 키워드가 나를 조종하며 작년보다 좀 더 구체적으로 나의 길을 알려줄 것 같았다. 나아가 내가 '어떻게' 살아가야 할지도 좀 더 뚜렷해진 느낌이

들었다. 결과적으로 내가 뽑은 버킷들도 하나씩 잘 실천해야겠다는 생각이 들었다. 뭔가 구심점을 얻은 기분이었고, 운동장에서 열과 행을 맞춰 서야 할 기준점을 찾은 기분이었다.

버킷리스트가 주는 가장 큰 매력은 계획을 세우는 과정 속에서 진짜 '나'를 알아가는 것에 있다. 무의식의 영역까지 깊게 잠영한 다음 내가 어떤 욕망을 갖고 있는지 물 위로 끌어 올리는 작업은 버킷 100개를 쓰는 핵심 이유다. 하지만 버킷 100개가 든 리스트를 완성한다고 해서 곧장 내가 어떤 것을 지향하는지 금방 알 수 있는 것은 아니다. '자세히 보아야 예쁘고 오래 보아야 아름답다'는 시구처럼 100개의 버킷들도 뚫어지게 쳐다보고 계속해서 바라봐야 그 속에 담겨 있는 의미를 찾을 수 있다. 그렇지 않으면, 100개의 버킷을 실천하는 데에만 허겁지겁할 지도 모른다. 열심히는 했지만 내가 발견한 것이 뭐지, 하고 버킷의 의미를 놓칠 수도 있다.

꼭 세 개일 필요는 없겠지만 기왕이면 세 개 정도로

자신을 표현해 봤으면 좋겠다. 세 개가 주는 안정감도 좋고, 세 개 정도는 되어야 나를 좀 더 입체적으로 설명해줄 수 있다. 나를 설명하는 방식은 자유롭게 생각해도 무방하다. 내가 2020년에 했던 대로 단어 형태로 간결하게 정리해도 좋고, 2021년 했던 방식대로 길게 정리해도 괜찮다. 어떤 결과물이든 100개의 버킷을 실천하는 나를 설명할 수 있다면 그걸로 충분하다.

물론 이런 작업이 삶의 근원적인 고민을 해결하지는 못한다. 내가 어떤 사람이고, 어떨 때 행복을 느끼는지, 원하는 삶이 무엇인지, 구체적으로 나를 찾아주는 데에는 부족할 수도 있다. 하지만 적어도 1년 동안은 무엇에 집중해야 하고, 어떤 자세로 살아야 하는지는 충분히 알려준다. 버킷을 실천하며 1년을 활기차게 사는데, 그정도면 충분하다. 그렇게 1년을 살고, 또 1년을 살다 보면 점점 더 확실해지는 나를 만날 수 있다.

11

반드시 이것만은 꼭!! 3-3-3 버킷

100개의 버킷으로 리스트를 완성하고 나면 그것들을 하나씩 실천해보고 싶은 마음이 든다. 100개를 쓰면서 동기부여가 된 셈이다. 하지만 100개라는 숫자가 주는 위압감도 만만치 않다. 할 수 있을까를 고민하지 말라고 했지만, 버킷을 하나씩 쓰다 보면 정말 내가 이걸 다 할 수 있을까 하는 의구심이 밀려오는 게 사실이다.

버킷 100개를 1년 동안 다 실행하려면 산술적으로 3.65일에 하나씩 해야 한다. 생각만 해도 숨이 턱 하고 막힌다. 하지만 이 작업의 근본 취지가 내가 무엇을 원하는지 알아보는 것이기에 실천에 대해서는 지레 겁을 먹지 않았으면 한다. 오히려 쓴 것들을 어디 처박아 두고 그냥 잊고 지내도 괜찮다. 왜냐면 100개를 쥐어짜 내고 한 줄씩 써가는 과정에서 우리는 인식하지 못했지만 머릿속에는 버킷리스트에 대한 하나의 폴더가 생성되었기 때문이다. 무의식 어딘가에 하나의 성처럼 버킷 100개가 쌓여 있기 때문에 굳이 의식하지 않아도 하나씩 실천하고 있는 나 자신을 발견할 수 있다.

목표 달성에 관한 책 『결국 해내는 사람들의 원칙』에서도 비슷한 이야기가 나온다. 망상활성계라는 뇌의 중추 시스템에 대해 소개하는 장면이다. RAS라고 불리는 망상활성계는 신경 경로로 흡수된 다양한 감각 정보를 뇌에 전달하는 역할을 한다. 일종의 그물 역할을 하면서 내가 관심을 가지고 있는 영역에 대해서는 더욱 활발하게 반응하도록 도와준다. 그래서 내가 집중하거나 궁리하는 것에 대해서는 스쳐 지나가는 정보라도 눈에 띄게 만들어 이를 놓치지 않게끔 해준다. 즉, 빨간색에 대해 집중하면 주변의 빨간색 표지판이나 간판들이 평소보다 더 눈에 띄는 것과 같다. 책에서는 망상활성계를 통해서도 원하는 삶을 살 수 있다고 하면서, 원하는 것을 이루기 위해서는 내가 무엇을 원하는지 정리하는 게 선행되어야 한다고 말한다.

"우선은 내가 무엇을 원하는지에 생각을 집중한다. 그것을 어떻게 할지는 고려하지 않는다. 그건 나중 문제다. 나중에 한다. 지금은 단지 무엇만을 적는다. RAS에 검색어를 넣자. RAS에게 일거리를 주자. (중략) 그러면 RAS가 그것을 '어떻게' 이룰지 답을 찾을 것이고, 그러면 길이 나타나기 시작한다."

내가 원하는 것을 적기만 해도 뇌의 신경 자극이 원하는 쪽으로 정보를 걸러줌으로써 내가 하고자 하는 일로 나를 안내한다는 내용이다. 작가는 망상활성계를 뇌가 가동하는 '소원성취 시스템'이라고도 했다. 즉 소원을 명확히 하고 망상활성계의 활동을 활용하면, 내가 원하는 것에 한 발짝 다가갈 수 있다는 말이다. 나는 책을 읽으며 이 부분이 허투루 들리지 않았다. 그것은 버킷 100개를 실천하는 과정에서 나 역시도 망상활성계의 활약을 적잖이 확인할 수 있었기 때문이다. '온라인 챌린지' 모임이 그런 경우다. 버킷 100개를 쓸 때만 해도 해보면 좋겠다는 수준의 바람이었고 어떻게 해야 할지에 대한 구체적인 계획이 없었다. 그리고 1년 동안 그것을 적었다는 사실조차도 잊고 지냈다. 그런데 우연히 한 모임에서 '30일 챌린지'에 대한 이야기를 듣고 한 번 따라 하고 싶다는 생각이 들어 달리기 모임, 걷기 모임, 글쓰기 모임 등을 만들기 시작했다. 곰곰이 생각해 보면 모두 버킷리스트를 작성한 덕분이었다.

챌린지 모임을 따라 할 때만 해도 나는 버킷리스트에 달리기, 걷기, 글쓰기 등을 적었다는 사실을 까맣게 잊고 있었다. 하지만 뇌는 기억하고 있었고 망상활성계가 정보를 걸러주는 필터 역할을 하면서, 나도 모르게 버킷리스트에 적었던 대로 모임을 만들고 있었다. 써 놓은 것이 자연스럽게 행동으로 이어진 결과였다.

그렇다면 100개의 버킷 모두를 뇌의 활동에 맡겨 두면 될까? 그냥 잊어버려도 된다고 생각하고 망상활성계에 무조건 맡기기에는 100개를 쓰느라 투여한 노력과 시간이 너무 아깝다. 뇌가 버킷들을 다 기억하다가 중요 정보들을 선별하기 어려워할 수도 있고, 정작 중요한 것을 놓칠 수도 있다. 버킷 100개를 모두 기억하는 건 아니더라도 중요한 것들을 무의식 속에 새기고 실천을 도모해가는 방법, 이런 의문에서 찾아낸 방법이 3-3-3 버킷리스트를 따로 만들어 정리해두는 방식이다.

우선 첫 번째 항목으로 1년 동안 '반드시' '꼭' 이루고 싶은 세 가지를 정해보라고 말하고 싶다. 이 세 가지는 앞으로 1년간 가장 중요하고 핵심이 되는 목표다. 나의 꿈과도 연결되는 항목일 가능성이 높다. 그렇기에 힘들고 어려워도 어떻게 해서든 이 세 가지는 반드시 하고 싶은 것들이어야 한다. 나는 2020년 휴직을 하면서 작성한 100개의 버킷 중 내가 꼭 하고 싶은 세 가지를 책 쓰기, 2,000km 달리기, 매일 365일 동안 블로그 글쓰기로 정했다. 휴직을 마무리하면서 어떻게 해서든 내 이름의 책을 내고 싶었다. 그리고 힘들지만 꾸준히 달리며 블로그 활동도 이어가고 싶었다. 이 세 가지가 나의 2020년의 중심을 잡아 줄 거라 믿었다. 결국에는 어렵사리 이 모든 걸 해낼 수 있었다. 내 이름의 첫 책도 나왔고, 달리기도 목표하는 바를 이뤘고, 블로그 활동도 빼먹지 않았다. 덕분에 2020년이 헛된 시간이 되지 않았다. 무엇보다 원하는 것을 이뤘다는 성취감이 가장 큰 수확이었다.

두 번째로 정리할 세 가지는 '가장 먼저 쓴' 버킷이다. 100개의 버킷 중 맨 처음 쓴 것들이야말로 나에게 중요한 항목일 가능성이 높다. 그래서 따로 정리해 볼 것을 추천한다. 물론 이것은 앞서 첫 번째 항목으로 뽑은 내가 꼭 하고 싶은 것 세 가지와 겹칠 수도 있다. 보통은 꼭 이루고 싶은 것들을 가장 먼저 쓰기 때문이다. 하지만 다를 수도 있는데, 이를 정리함으로써 내가 중요하게 생각하는 사람이나 관계 또는 일에 대해 생각해 볼 수 있는 계기를 만들 수 있다. 이것은 워크숍에 참석한 어느 분과 이야기를 나누며 발견한 사실이다. 그분은 100개의 버킷을 작성하면서, 자신이 첫 번째로 작성한 버킷을 보고서는 흠칫 놀랐다고 한다. 그것은 '오로라 보러 가기'였는데, 자신이 하고 싶은 일이라기보다는 남편의 버킷이라고 했다. 그분은 남편의 버킷을 왜 자신의 첫 번째 버킷으로 썼을까를 한참 동안 생각해보았다고 한다. 그러면서 남편을 향한 자신의 마음을 확인할 수 있었다고 했다. 20년 넘게 부부로 살면서 자신의 의견을 내세우기보다는 아내의 생각을 묵묵히 따르고 응원했던 남편에 대한 고마움이 무의식적으로 발현된 것이었다. 그 덕분에 자신이 남편을 얼마나 사랑하는지 알 수 있었다고 했다. 이처럼 처음으로 쓰게 되는 버킷들이야말로 내 진심이 담긴 것일 가능성이 높다. 그래서 따로 정리해서 나의 마음을 그려보고 그 속에 숨겨진 의미를 찾아갈 필요가 있다. 그리고 그 과정을 겪어야 실천력도 높아진다.

마지막 세 번째는 당장 실천할 수 있는 '사소한' 것 세 가지를 정리하는 것이다. 이 세가지 버킷은 바로 실천해 볼 것을 추천한다. 이렇게 실천한 버킷들은 다른 버킷들을 행동으로 옮기는 데 있어 시발점이 되고 트리거가 된다. 그리고 한두 개의 버킷을 성공시키고 나면 다른 것들도 계속해서 이어서 할 수 있는 힘이 생긴다. 내 경우 아내 생일에 미역국을 끓여주고 생일 파티를 하는 것이 그런 경우였다. 너무 사소해서 버킷리스트에 넣을까 고민도 했지만, 100개를 채우려다 보니 어쩔 수 없이 쓴 것이 아내를 위한 생일상이었다. 어찌 보면 당연히 하는 일이기도 했지만 더이상 쓸 게 없어서 그냥 쓴 것이기도 했다. 솔직히 고백하자면 아내의 생일을 대충 넘어

갈 때도 많았다. 원래 생일이나 기념일 등을 크게 따지지 않는 부부 사이라 그렇기도 했지만, 이런저런 핑계를 대며 선물로 때울 때도 있었고 명절과 생일이 겹쳐 어머니가 끓여 주시는 미역국으로 아내의 생일상을 대체할 때도 있었다. 하지만 버킷리스트를 쓰고 나서부터는 매년 아내의 생일날 무엇을 할 지를 버킷으로 지정하고 실천을 이어갔다. 덕분에 아내에 대한 내 마음을 진실하게 표현할 수 있었고 아이들에게도 긍정적인 영향을 줄 수 있었다.

목표를 설정하면 어떻게 해서든 그것을 실천하는 게 중요하다고 말한다. 당연한 말이다. 실천하지 않는 목표는 허공 속에 외치는 메아리와 같다. 뭐든 행동으로 옮겨야 의미가 있다. 하지만 버킷 100개를 쓰는 일이 일반적인 목표를 세우는 것과는 조금 달랐으면 한다. 물론 100개를 다 실천할 수만 있다면 더할 나위 없이 좋겠지만 그래야 한다는 부담을 내려놓으면 좋겠다. (누누이 말하지만 100개를 다 실천할 수도 없다.) 내가 원하는 것을 썼다는 것만으로도 소중한 경험이 되었으면 좋겠다. 그 속에서 내가 무엇을 원하고 바라는지 찾을 수 있다면 그것으로 충분하다. 원하는 것을 찾아낸 경험은 분명 실천에도 영향을 미친다. 해야겠다고 기를 쓰지 않아도 자연스럽게 행동으로 이어진다. 뇌가 기억하고 무의식이 도와준다. 다만 '꼭 하고 싶은 것' '나에게 중요하고 의미 있는 것' '당장 실천할 수 있는 것'은 따로 정리해 보자. 정리하는 작업이 실천의 좋은 촉매제 역할을 하게 된다.

다음 글에서 우연히 실천하게 된 버킷 경험 몇 가지를 더 얘기해 보겠다.

12

버킷 실천
숙제처럼 억지로 할 필요는 없다

버킷리스트 워크숍에 참여했던 분들과 이야기를 나누다 보면 버킷들을 실천하는 방법도 개성만큼이나 각자 다양하다는 걸 알게 된다.

우선 눈에 띄는 유형은 '버킷리스트 추구형'이다. 이분들은 버킷리스트에 쓴 것들을 의식적으로 하나씩 실천하는 분들이다. 이분들은 한 달에 한 번 이상 버킷리스트를 읽어보고 어떻게 하면 그것을 달성할 수 있을지 수시로 체크한다. 매월 블로그에 정리해두고 하나씩 실천 과정을 올리고 월말마다 셀프 점검도 한다. 이런 분들의 경우 당연히 버킷리스트 실행률도 매우 높다.

두 번째 유형은 '우선순위 연동형'이다. 가장 최우선으로 해야 할 것들을 정하고 그것과 연결된 세부 실행 목표들을 실천하는 타입이다. 보통 이런 분들은 버킷리스트를 작성할 때부터 우선순위와 세부 실행 계획을 나눠서 작성한다. 자신의 버킷리스트에 대한 관리도 체계적으로 하는 편인데, 자신의 꿈이나 목표가 확실한 사람이 주로 이런 방식으로 버킷리스트를 정리하고 관리한다. 추구형 유형이 버킷 100개를 하나씩 세밀하게 관리하는 편이라면 우선순위 연동형은 중심이 되는 몇 개를 따로 정리해서 관리하는 분들이라 할 수 있다.

마지막 세 번째 유형은 '방치형'이다. 신경 쓰지 않고 그냥 그대로 내버려 두었다가 중간에 한 번씩 꺼내 보거나 그것도 아니면 연말에 한 번 점검해 보는 분들이다. 버킷리스트 달성률은 앞의 두 유형에 비해 다소 떨어지는 편이지만 실천한 것에 대한 감흥은 훨씬 크다. 자기가 뭘 실행했는지도 모르고 있다가 점검할 때 '내가 이런 것도 했구나' 하며 감탄하는 분들이다.

나는 개인적으로 세 가지 유형 중 방치형 스타일에

가깝다. 물론 꼭 할 것, 가장 먼저 쓴 것, 당장 실천할 것 세 가지는 반드시 기억하지만 그 외의 것들은 가급적 잊어버린 채 지낸다. 이래도 괜찮을까 싶지만 내 경험을 비춰보면 그렇게 해도 괜찮다. 잊어버렸다고 하지만 의도하지 않은 채 우연히 실천하게 되는 버킷들이 있다. 그중 하나가 작년에 아내와 단둘이 갔던 1박 2일 여행이었다. 여느 부부들이 다 그렇겠지만 아이가 태어나고 나면 아내와 단둘이 여행할 기회가 없어진다. 우리 집도 마찬가지였다. 그래서 아이들 둘 다 초등학교에 들어가고서부터는 아내와 단둘이 하는 1박 2일 여행을 꼭 하고 싶었다. 하지만 맞벌이 부부이기도 했던 우리에게 1박 2일의 여행은 꽤 어려운 '미션'이었다. 사실, 둘만의 여행이 당장 꼭 필요한 상황도, 그렇게 간절한 것도 아니어서 그냥 오랜만에 같이 가보면 좋겠다 하는 정도였다. 그러다 보니 100개의 버킷 중 하나로 '1박 2일 아내와 여행하기'를 넣긴 했지만 큰 당위성을 두고 있지는 않았다.

그런데 작년 여름, 방학을 맞아 아이들을 5박 6일 충북 단양에서 진행하는 농촌 캠프에 보내게 됐고, 아이들이 캠프에 간 사이에 함께 여행하면 좋을 기회를 얻을 수 있었다. 하지만 애석하게도 회사 스케줄이 맞지 않아 둘만의 여행은 이번에도 실패하는 듯했다. 그런데 재미난 일이 벌어졌다. 정부에서 아이들 캠프가 시작되는 8월 17일을 임시 공휴일로 지정한 것이었다. 갑자기 생긴 휴일 덕분에 나와 아내는 8월 16일 단양으로 아이들을 데려다준 후, 하루 더 그곳에서 머물면서 짧은 1박 2일의 여행을 즐길 수 있었다. 특별한 이벤트가 있는 여행은 아니었고 그냥 책 읽고 밥 먹으며 쉰 것이 전부였지만 오랜만에 즐기는 둘만의 여행이 꽤 즐거웠다. 무엇보다 버킷리스트를 의식하지 않았지만 누군가의 도움으로 버킷 달성을 할 수 있게 된 것이 마냥 신기했다.

이것 외에도 써놓기만 했을 뿐인데 누군가가 도와주어 실천했던 경험은 몇 번 더 있다. 『나는 오늘도 경제적 자유를 꿈꾼다』라는 책을 읽고 저자인 청울림님이 운영하는 다꿈스쿨의 '자기혁명캠프'라는 자기 계발 프로그램에 참여한 적이 있다. 휴직을 시작했을 당시, 스스로를 돌아보고 자기를 바꿔보는 '자기 혁명'을 위해 이 프로그램에 참여해 보면 좋겠다고 권유한 아내 때문이었다. 나보다 먼저 캠프에 참여했던 아내는 이 프로그램을 추천하며, 버킷의 하나로 '자기혁명캠프 MVP'를 넣어보라고 했다. MVP는 자기혁명 캠프에서 최고의 성적을 보인 사람에게 주는 우등상 같은 것인데, 휴직을 지지해준 아내의 부탁을 무시할 수 없었다. 하지만 MVP가 될 거란 기대는 눈곱만큼도 없었다. 자발적으로 참여했던 것도 아니거니와 이 프로그램의 MVP는 아무나 받는 게 아니란 걸 이미 알고 있어 큰 기대를 할 수 있는 상황은 아니었다.

나의 예상은 맞는 듯했다. 첫 주 수업을 듣고 나서 참여자들의 에너지가 대단하다는 생각을 하지 않을 수 없었다. 캠프를 통해 자기 한계를 극복하고 자신을 바꿔보겠다는 열정으로 똘똘 뭉친 분들이 정말 많았다. 아내에게는 조금 미안했지만 첫 주부터 아내가 권한 버킷은 포기하는 거나 마찬가지였다. 그렇다고 프로그램을 게을리하진 않았다. 프로그램 자체가 좋기도 했고 나와 잘 맞기도 했기에 열심히 따라갔다. 함께 프로그램에 참여하는 분들의 도움도 받았다. 조별로 나누어 활동했는데 열성적인 조장과 조원들의 응원과 격려가 큰 힘이 되었다. 간만에 에너지를 분출하며 5주간의 프로그램 참여를 무사히 마칠 수 있었다. 그리고 정말 감사하게도, 프로그램이 끝나는 시점에 MVP에 뽑히는 영예를 안았다. 자기혁명캠프 기간 동안 나 스스로를 돌아보고 내 꿈을 찾기 위해 노력한 모습을 캠프 운영진에서 좋게 본 듯했다. 큰 기대를 한 것도 아니었고, 나의 변화에만 집중해서 얻은 결과라고 생각하니 좀 얼떨떨했다. 스스로에게 집중하고 변화의 노력을 기울인 것에 대해 보상을 받는 것 같기도 했다. 수상식때에는 마치 연기 대상을 받는 것처럼 나도 모르게 눈물을 흘리며 소감을 발표했다. 아내부터 시작해서 주변의 고마운 사람들을 한 분, 한 분 다 언급했다(하마터면 미용실 원장님까지 나올 뻔했다). 의식하지 않았던 버킷이었는데 마치 선물처럼 다가온 MVP였다.

아내와 1박 2일 여행을 가고, 자기혁명캠프의 MVP가 되는 것은 버킷으로 쓰지 않아도 일어날 수 있는 일이다. 갑자기 임시 공휴일이 된 것이 내가 쓴 버킷 때문이었다는 것은 말이 안 된다. 오히려 버킷리스트로 적었지만 그것에 연연하지 않았기에 실천할 수 있었다고 보는 게 더 타당하다. 자기혁명캠프의 MVP도 마찬가지다. MVP가 되겠다고 어깨에 힘을 줬더라면 MVP는커녕 여러 프로그램에 참여한답시고 오버했다가 제풀에 꺾였을 수도 있었다. 하지만 버킷으로 위 두 가지를 작성했기 때문에 우연한 과정을 통해 실천할 수 있게 되었고, 더 특별한 의미를 가지게 되었다. 우연히 일어났고, 의도한 일은 아니지만 버킷리스트에 있었다는 것만으로도 남다른 의미를 지닌 '사건'이 되었다.

어린 왕자에게 이름이 불려 특별해질 수 있었던 여우처럼 버킷은 나에게 하나의 꽃이 되어 다가왔다. 버킷리스트로 올렸기 때문에 행동으로 옮길 수 있었던 게 아니라, 버킷리스트 덕분에 내가 한 경험을 새롭게 해석할 수 있었다고 하는 게 더 맞을 것 같다. 버킷리스트에 없었다면 그냥 지나쳐 버릴 수도 있는 사건인데, 버킷리스트에 올려짐으로써 특별한 경험이 되었다. 물론 꿈보다 해몽이 더 좋은 것일 수 있다. 하지만 덕분에 평범한 일상에 의미를 부여하게 되었고, 그 덕에 조금 더 행복감을 가질 수 있었다.

효율성을 따진다면 버킷리스트를 의식하고서 하나씩 실천해 가는 방법, 나아가 우선순위를 정해서 실천하는 방법이 더 나을 수 있다. 그렇게 하는 것이 나의 목표와 꿈에 더 쉽게 다가가는 방법이 될 수도 있다. 하지만 나는 우연히 성취하게 되는 것들도 필요하다고 생각한다. 그렇기에 버킷 실천을 너무 의식할 필요는 없다. 비록 그것이 얻어걸린 것처럼 일어나는 일이라도 어떻게 의미를 부여하느냐에 따라 평범한 돌이 진주가 되고, 다이아몬드가 될 수 있다. 그리고 그렇게 한 우연한 실천이 또 다른 계기가 되어 내가 원하는 것에 다가가는 방법이 될 수 있다.

13

연말 회고를 통해 찐 나를 찾기

직장인들에게 1, 2월은 1년 동안 낸 세금을 정리하는 연말 정산의 기간이다. 간혹 세금을 더 내는 경우도 있지만 절세 방법을 잘 활용한다면 13월의 월급이라 불릴 만큼 큰 금액을 돌려받을 수 있다. 어차피 내가 낸 세금을 돌려받는 것이기에 조삼모사(朝三暮四)같기도 하지만 어찌 됐든 잘만하면 공돈이 들어올 수 있는 일이다.

연말 정산 이야기를 꺼낸 것은 버킷리스트를 정산하는 작업 또한 소중하다는 것을 말하고 싶어서다. 100개의 버킷을 하나씩 체크하면서 내가 1년 동안 무엇을 했는지 돌아보는 '연말 정산'은 버킷리스트를 쓰는 것만큼이나 중요하다. 연초에 만든 버킷리스트가 1년 동안 살아가야 할 방향을 안내해주는 내비게이션 역할을 했다면 한 해를 돌아보는 연말의 버킷리스트는 내가 지나온 길을 돌아보는 좌표 역할을 한다. 그래서 나는 연말마다 나의 버킷리스트를 돌아보고, 블로그에 정리하는 글을 올리는 것으로 한 해를 마무리한다.

버킷을 하나씩 점검하다보면 마음먹고 열과 성을 다해 이룬 것에 대한 성취감도 크지만, 써놓고 잊어버리고 있던 것들 중에 내가 한 것들을 발견하면 마치 보물찾기 게임에서 1등 경품에 당첨 된 것 마냥 신이 나기도 한다. 그렇게 하나씩 체크하다 보면 매년 50개 정도는 실행에 옮겼다는 것을 확인할 수 있다. 100개 중의 50개면 50점 밖에 못 맞았네, 라고 할 수도 있지만 나는 꽤 많은 것들을 이루었다고 생각하며 매번 자축을 한다. 하지 못한 것들에 대한 아쉬움보다는 50개나 했다는 것에 더 뿌듯한 감정을 가지려 한다.

실제로도 100개 중에 50개 정도면 다른 워크숍 참여자들과 비교해도 꽤 많이 실천한 셈이다. 그런데 여기에는 나만의 비결이 있다. 그 비결은 바로 최대한 관대하게 연말 정산을 하는 것이다. 세무 공무원이 되어 했는지 안 했는지 철저히 따지기보다는 대충 구색이라도 맞췄다면 한 걸로 '퉁치는' 방법이다. 물론 연초에 버킷리스트를 구체적이고 측정 가능하게 작성했다면 내가 했는지 안했는지 평가하는 일이 그리 어렵지 않다. 하지만 버킷 100개를 하나씩 맞춰보다 보면 애매한 것들이 종종 등장하는 데 했다고 하기에는 다소 미흡하고, 안 했다고 하기에는 노력도 했고 소기의 성과도 거둔 경우다. 이럴 때면 나는 했다고 동그라미를 친다. 많이 했다고 칭찬하는 사람도, 안 했다고 혼내는 사람도 없지만 좋은 게 좋은 거다는 생각으로 관대함을 베푼다. 이유는 단 하나다. 실행했다고 체크함으로써 1년을 열심히 살았다고 자신을 긍정하기 위해서다.

작년에 나는 아이들과 함께할 수 있는 몇 가지를 버킷으로 썼다. 그 중 하나가 아이들과 5km 마라톤 대회를 나가는 것이었다. 꽃피는 봄에 벚꽃 구경도 할 겸 경주 마라톤 대회에 나가 볼 요량이었다. 하지만 코로나 때문에 마라톤 대회는커녕 벚꽃 구경도 갈 수 없었다. 하지만 나는 연말에 당당하게 이 항목에 동그라미를 쳤다. 아이들과 마라톤 대회 대신 집 근처에서 뛰는 연습을 했는데, 처음엔 1km 달리기로 시작했지만 뛰다 걷다를 반복하면서 어느새 5km까지 달린 것이었다. 비록 마라톤 대회를 함께 하진 못했지만 아이들과 5km를 뛰었으니 그거면 충분했다. 아이들과 함께 새로운 경험을 했으니 버킷리스트를 쓸 때 의도하고자 하는 바는 이뤘다고 생각했다. 그래서 당당하게 실천 완료한 버킷리스트로 분류했다. 이처럼 버킷을 썼던 이유를 잘 생각해보고, 그 목적에 충실했다면 버킷 실천 성공으로 유연하게 인정해준다. 그렇게 해서 실천 개수를 늘려간다면 연말쯤 자신을 훨씬 대견하게 볼 수 있다.

그렇다고 몇 개를 했고, 안 했고에 너무 집착하지는 않았으면 좋겠다. 몇 개보다는 무엇을 했는지 잘 들여다보는 자세가 중요하다. 몇 개를 실천해야 1년을 잘 살았다고 할 수 있는지 그 기준은 딱히 없다. 100개일 수도 있고, 한 개 일수도 있다. 많이 했다고 우쭐할 필요도 없고 안 했다고 의기소침할 필요도 없다. 단 한 개를 실천했더라도 충분히 1년을 잘 살았다고 볼 수도 있다. 그것에 대한 평가는 본인 스스로 내리는 것이다. 다만 실천한 것에 대해 어떻게 생각하는지 정리할 필요는 있다. 그래서 나는 몇 개를 했는지 체크하고 나서, 내가 실제로 행동에 옮긴 것들에 대해서 의미를 부여하는 시간을 꼭 가진다. 버킷으로 실천했던 것들이 나에게 어떤 경험이었는지 그리고 어떤 느낌을 주었는지 생각해 보는 과정에서 그다지 좋아하지 않는 일, 반대로 너무 좋아서 계속 해보거나 발전시켜 보고 싶은 일 등이 분류된다. 이유야 어찌 됐든 1년 전과 1년 후는 얼마든지 바뀔 수 있고, 그걸 알아차리는 것이 중요하다.

워크숍을 회고하는 자리에서 한 참여자는 자신의 버킷들을 실천한 것과 그렇지 않은 것 그리고 지금은 굳이 하고 싶지 않은 것, 이렇게 세 가지로 구분했다. 직장 생활에 대한 스트레스가 있던 그 참여자는 자신이 하고 싶지 않은 것을 발견하는 것만으로도 몇 가지 선택지가 없어진 것 같아 가뿐하다고 흡족해했다. 그래서 연말 정산 자리는 버킷리스트를 쓸 때 발견한 나의 욕망에 대해 좀 더 깊숙이 접근하는 방법이라고 할 수 있다. 하고 싶은 것 못지않게 하기 싫은 일들을 지워가는 과정도 내가 원하는 것을 명확히 확인해가는 방법 중 하나다. 그러니 자신의 마음이 바뀌었다고 해서 자신을 타박하지 않았으면 한다. 아닌 것들에 대해서는 쿨하게 '안녕'을 고해도 된다. 내 마음이 움직이지 않는 것이라면 아무리 남들이 좋다고 해도 굳이 따를 필요는 없다.

가수 장기하 씨가 자신의 책 『상관없는 거 아닌가?』에서 책의 서두를 쓸 때와 책을 마무리할 때, 작가의 생각은 달라지기 마련이라고 했다. 우리의 마음 또한 버킷리스트를 쓸 때와 정리할 때, 다를 수 있다. 그럴 때는 '상관없는 거 아닌가'하고 놓아주는 것이 필요하다. 배달의 민족 COO 출신의 장인성 님도 세바시 강의를 통해 마음이 변하는 것에 대해 긍정하는 마음을 가져야 한다고 이야기했다. 그는 마음이 바뀌는 것은 변덕이 아니라 '업데이트'라고 했다. 지금은 최선인 것 같지만 내일은 달라질지도 모르겠네, 라고 가볍게 생각하는 것이 우리에게 진짜 필요한 것이라고 강조했다. 나는 이 대목을 보면서 버킷리스트로 쓴 것들에 대해 내 생각이 바뀌는 것이 결코 초심을 잃어버리거나 잘못된 것이 아니라는 것에 긍정할 수 있었다. 뭐든 마음먹기에 달린 것 같다.

연말 정산은 내가 했던 것을 칭찬하고 하지 않았던 것을 반성하는 자리인 동시에 **내가 진짜 무엇을 원하는지 다시 한 번 체크해 보는 시간**이다. 그리고 연말 정산의 끝은 단순 회고로 끝나서도 안 된다. 바로 회고를 바탕으로 내년 버킷리스트를 쓰도록 해야 한다. 꼭 그 과정이 이어져야 한다. 그래야 내가 진짜 원하는 것을 계속해서 업데이트할 수 있다. 버킷리스트를 몇 년째 습관처럼 반복해야 하는 이유가 바로 이 때문이다.

14

의심, 걱정 대신
내맡기기로 시작한 워크숍

2019년을 시작하며 쓴 버킷 100개는 제주도에서 작성했다. 제주도의 어느 카페에서 지인들과 함께 작성했는데 그 경험이 꽤 좋았다. (앞에서 지인 둘과 함께 2박 3일 일정으로 한라산 등반을 하고 와서 썼다고 이미 밝힌 바 있다.) 우리는 버킷리스트를 함께 쓰면서 때로는 각자의 것에 집중하다가, 때로는 서로의 버킷리스트를 훔쳐보기도 하면서 썼다. 타인의 버킷이 시발점이 되어 내가 하고 싶은 일이 줄줄이 쏟아져 나오기도 했고, 서로 다른 캐릭터라 생각하다 공통의 관심사를 알고는 반가워하기도 했다. 그러면서 우리는 이후 팟캐스트도 같이 만들고, 마라톤 대회도 함께 나가는 등 당시 세 사람은 그러면서 의기투합을 했다. 함께 하다 보니 실제로 버킷들이 하나씩 이루어지는 것처럼 생각되기도 했다.

좋은 기억은 더 많은 사람과 함께 나누고 싶었던 걸까? 버킷리스트를 같이 썼던 우리는 새로운 프로젝트를 시작하기로 입을 모았다. 바로 버킷리스트 워크숍이었다. 우리의 경험을 다른 사람들과도 함께 해보면 좋겠다는 생각에 관심 있는 분들을 모아 세 시간짜리 워크숍을 처음으로 진행해 보았다. 첫 워크숍인데도 불구하고 30여 명의 사람들이 모였고 참여자들은 처음 써보는 버킷리스트에 만족감을 표했다. 이후 우리는 개선할 것들을 찾아가면서 몇 번의 워크숍을 더 진행했다.

워크숍에 참여해 함께 버킷리스트를 작성한 사람들을 '버킷메이트'라 부르고, 함께 소통하는 공간인 단톡방을 만들고 1년간 대화를 이어갔다. 버킷메이트들과는 『버킷리스트』 영화도 함께 보고, 독서 모임도 하고, 작가를 모시고 북토크도 진행했다. 그리고 마라톤 대회도 같이 나갔다. 쓰는 작업을 넘어 버킷리스트의 내용을 실제 실천할 수 있도록 판을 만들었다.

하지만 주최를 했던 세 사람이 계속해서 함께 워크숍을 꾸려가는 데에는 한계가 있었다. 각자 본업이 있다보니 워크숍 진행에 많은 에너지를 쏟을 수가 없었다. 참여한 사람들을 계속 격려해가며, 실천을 챙겨가기에는 제한적일수 밖에 없었다. 나 역시도 2019년 중간 아이들과 함께 캐나다로 여행을 떠나는 바람에 워크숍 이후 과정을 함께 설계하기 어려웠다. 그렇게 워크숍이 계속 될 수 있을지 없을지 모르던 상황, 캐나다에서 아이들과 여행을 하고 있을 때였다. 여행 막바지쯤 서울에서 한 통의 메일을 받았다. '리뷰빙자리뷰' 라는 모임에서 내 버킷리스트 경험을 공유해달라는 부탁의 메일이었다. 개인적으로는 휴직하고 알게 된(그리고 닮고 싶은) 어느 분이 건넨 제안이었기에 마다할 이유가 없었다. 남들 앞에서 발표하는 걸 좋아하는 나로서는 오히려 환영할 일이었다. 다행히 일정도 여행이 끝난 뒤였다. 그렇게 처음으로 버킷리스트 경험과 워크숍에 대한 이야기를 사람들 앞에서 하게 되었다. 약 10분 동안의 발표였고 꽤 오랜만에 하는 프레젠테이션이었다. 아무래도 회사 임원들 앞에서 하는 프레젠테이션과는 달랐고 좀 더 편안하고 진솔하게 내 경험을 공유할 수 있었다. 프레젠테이션 내내 마치 내가 많은 사람들에게 영감을 주고 동기부여를 하는 훌륭한 연사가 된 기분이었다. 듣는 사람들은 어떻게 들었는지 모르겠지만, 그동안 느낄 수 없었던 새로운 감정을 불러일으키며 짜릿한 희열감을 주었다. 프레젠테이션은 나를 흥분시키기에 충분했다.

발표를 마치고 몇 달이 지나고 한 해가 마무리 될 즈음이었다. 발표의 영향 때문이었는지, 연말부터 몇몇 분들로부터 버킷리스트 워크숍을 열어달라는 부탁을 받기 시작했다. 솔직히 처음에는 엄두가 나지 않았다. 워크숍을 같이 운영했던 지인들과는 더이상 함께 하기가 어려운 상황이었기 때문에 나 혼자 워크숍을 진행할 처지는 아니었다. 그런데 그때 마이클 A. 싱어의 책 『될 일은 된다』가 떠올랐다. 책은 작가가 '내맡기기 실험'이라 불리는, 말 그대로 자신의 삶을 흘러가는 방향대로 무조건적 신뢰했더니 엄청난 성공을 거두게 되었다는 내용이었다. 나는 책의 얘기처럼 워크샵을 잘할 수 있을까에 대해 의심하거나 좋은 결과가 나오길 걱정하기보다는 '내맡기기 실험'처럼 그냥 시도해보는 것도 괜찮겠다는 생각을 했다. 부담스러운 마음이 컸지만 사람들의 요청대로 워크숍을 진행해보기로 했다.

혼자서 워크숍을 운영한다는 건 걱정만큼이나 힘든 일이었다. 참여자를 모으는 게 가장 어려웠다. 이 정도 사람으로 워크숍이 운영될까 싶을 정도로 신청하는 사람이 많지 않았다. 물론 사람이 많이 오는 것을 기대하는 것은 아니지만 그래도 의미 있는 워크숍을 하기 위해서는 최소한의 숫자가 필요한데 그걸 채우기가 쉽지 않았다. 그래도 포기하지 않고 페이스북과 블로그를 통해 열심히 홍보했고 그 덕에 적정 인원을 채울 수 있었다.

참여자가 확정된 이후부터는 비교적 수월했다. 혼자였지만 1년 전 워크숍 경험 덕분이었는지 편안하게 진행할 수 있었다. 규모는 작았지만 그게 오히려 더 좋은 분위기를 만드는 것 같았다. 친밀하게 서로 격려하고 응원하는 느낌도 들었다. 덕분에 서로 하고 싶은 일에 대해서도 심도 있는 대화도 나눌 수 있었다. 그런 대화가 워크숍에 참여한 사람들 사이를 특별하게 만들었다.

혼자 진행하는 워크숍이라 두렵기도 했지만 용기를 낸 덕분에 1년을 함께 할 버킷 메이트를 얻었고 워크숍의 필요성에 대한 확신도 한 번 더 할 수 있었다.

하지만 난관은 또 있었다. 버킷리스트 워크숍은 오프라인에 적합한 모임이다. 각자 하고 싶은 일을 포스트잇에 써서 전지에 붙이고 서로의 것을 보고 이야기 나눌 때 시너지가 훨씬 크게 발생한다. 그러니 코로나 사태가 본격화되고부터는 워크숍을 더이상 계속하기 어려울 수 있겠다는 생각을 했다. 오프라인으로 만나는 게 무리였으니 어쩔 수 없다고 생각했다. 하지만 그때 나에게 또 다른 제안을 해오는 분이 있었다. 그는 오프라인 워크숍을 온라인으로 바꿔서 진행해 달라고 했다. 오프라인으로 하던 걸 온라인으로 한다? 온라인으로 워크숍을 진행해본 경험도 없고 새로운 도전이라 부담스러웠다. 하지만 나는 이번에도 한 번 더 나를 내맡겨보기로 했다.

하나의 공유 파일을 만들어서 거기에 각자의 버킷리스트를 쓰고 이야기를 나누는 방식으로 워크숍을 기획했다. 모임은 줌 화상 회의를 통해 진행했다. 그런데 뜻

밖에도 반응이 좋았다. 오프라인에서 맛볼 수 있는 공감대를 얻기에는 한계가 있었지만, 온라인이라고 해서 워크숍에 참여한 분들의 열정이 느껴지지 않는 것은 아니었다. 참여자분들도 어느새 온라인 모임에 적응했는지 오프라인 모임처럼 활발히 참여를 해주었다. 이에 용기를 얻어 2021년에는 아예 처음부터 온라인으로 워크숍을 진행했다. 오히려 장소라는 제약이 없어서인지 지방에 계신 분들도 참여할 수 있었고, 덕분에 새로운 버킷메이트들을 많이 만날 수 있었다.

지금, 내가 운영하고 있는 단톡방이 하나 있다. '변실모'라는 모임이다. '변화를 실천하는 사람들의 모임'의 줄임말로 앞으로의 삶을 다르게 살아가고 싶은 사람들이 모여서 일상에서 자신들의 변화를 공유하고 이를 응원하는 모임이다. 단톡방에서 보면 사람들은 자신만의 방식으로 변화를 실천한다. 새벽에 일어나는 미라클 모닝을 실천하고, 달리기를 하고, 책을 읽고, 108배를 한다. 각자 자신만의 루틴을 만들고 어제보다 나은 오늘을 만들기 위해 노력한다. 그래서인지 단톡방이 주는 기운이 어마하다. 그런데 이 방을 만들게 된 계기가 재미있다. 지인(워크숍을 함께 시작했던 지인들은 아니다)과 하루짜리 제주 여행을 마치고 돌아오는 길에 (제주가 나에게 약속의 땅 같다) 하고 싶은 일에 대해 이야기를 나누다 오픈채팅방이 화두로 떠올랐고 같이 만들어 보면 재밌겠다는 생각에 의기투합해 일을 벌린 것이었다.

우리 두 사람에게는 각자 매일의 루틴이 있었는데 꾸준히 글을 쓰고 마인드맵을 그려가는 것이 공통점이었다. 그리고 그 뒤에는 '변화'라는 키워드가 자리하고 있었다. 우리는 이 키워드로 채팅방을 만들기로 했다. 그렇게 툭 하고 단톡방을 만들었더니 얼마 지나지 않아 몇몇 분들이 추가로 방으로 들어왔다. 서로 모르는 사이지만 채팅으로 응원하는 기운이 나쁘지 않았다. 그러다 우연히 줌 미팅을 하자는 이야기가 나왔고, 몇몇 분들은 자신의 변화를 발표하기 까지도 했다. 지금은 단톡방 회원들끼리 서로 밀어주고 끌어주는 꽤 돈독한 모임이 되었다. 단톡방도 워크숍처럼 의도했다기보다는 그 힘에 나를 내맡기고 쫓아왔더니 지금의 모습으로 변모해 있었다. 이처럼 의도하기보다는 누군가 함께 하자는 제안을 뿌리치지 않고 받아들이는 것만으로도 의외의 결과가 나올 수 있다.

버킷리스트 워크숍을 생각할 때마다 몇 가지 가정을 해보곤 한다. 같이 하자는 누군가의 제안을 뿌리쳤더라면, 사람들의 부탁을 거절했더라면, 온라인으로 해보라는 이야기를 무시했더라면 어땠을까? 생각만으로도 아찔하다. 그랬다면 이 좋은 경험을 여러 사람들과 나누지 못했을 것이다. 여기에 더 진짜 아찔한 것은 워크숍의 경험을 통해 얻은 특별한 교훈들을 놓쳤을 것이라는 점이다. 덕분에 지난 3년의 버킷리스트 워크숍 경험은 이제 나에게 큰 자산이 되었다. 그리고 워크숍을 열 때마다 복리처럼 '경험의 가치'가 쌓이는 기분이 든다. 매년 새로운 도전이 있지만 거부하지 않고 하나씩 만들어 간 덕분에 버킷 100개를 쓰는 일에 확신을 갖게 되었고, 사람들과 함께하는 작업이 내게 소중하다는 것을 알게 되었다. 그리고 혼자 하기 어려운 것들도 함께하면 쉬워진다는 것도 알게 되었다. 함께 하는 과정에서 만들어지는 화학 작용이 나는 물론이고, 다른 사람들에게도 전파되고 변화를 이끌어 간다는 것을 알게 되었다.

계속 꿈이 늘어나는 것 같지만, 덕분에 새로운 꿈도 생겼다. 워크숍을 진행하는 퍼실리테이터가 되고 싶다는 꿈이 바로 그것이다. 워크숍을 기획하고 진행하면서 사람들과 의미 있는 프로젝트를 꾸려보는 일이 적성에도 맞고 내가 좋아하는 일이라는 것을 알게 되었다. 버킷리스트 워크숍 외에도 새로운 형태로 다양한 워크숍을 꾸려보고, 그 속에서 사람들 스스로 자신의 가치와 욕망을 발견할 수 있다면 그 일이 내게도 의미와 재미를 줄 수 있다는 생각을 했다. 물론 그것을 어떻게 행동으로 옮길 수 있을지는 아직 잘 모르겠다. 하지만 버킷리스트 워크숍을 계속 운영하다 보면 또 뭔가 뚝 떨어지는 게 있지 않을까 하는 기대를 해본다. 만약 그때도 마음속으로 어떤 거부감 같은 것이 올라온다면 이번에도 이전처럼 내맡기기를 할 것이다.

다음 글에서는 좀 더 본격적으로 버킷리스트 워크숍을 꾸리는 방법에 대해 설명해보겠다. 누구나 워크숍을 진행할 수 있도록 친절히 설명하고자 했다.

15

버킷리스트 워크숍 이렇게 해요

이번 장에서는 보다 많은 사람들이 워크숍을 경험했으면 하는 마음에서 현재까지의 워크숍 진행 방식을 간단히 소개하고자 한다.

본격적으로 워크숍을 진행하기에 앞서 참여자들에게 사전 과제를 주는 것이 중요하다. 하고 싶은 일 30가지를 먼저 적어보는 것이 사전 과제다. 일종의 연습 같은 것이라 할 수 있다. 연습의 필요성은 앞서 버킷 쓰기 방법에서도 충분히 설명했다. 사전 과제는 워크숍 참여 전 일종의 예열 작업으로 30가지 버킷을 미리 정리 해보는 것이 핵심이다. 미리 30개 정도를 써보면 실제 워크숍 진행이 되는 두 시간 남짓 동안 내 욕망에 좀 더 깊게 빠져들 수 있다. 스쿠버 다이빙을 좀 더 잘하기 위해 수영장에서 미리 연습을 하는 것과 같다고 할 수 있다. 참여자 대부분은 사전 숙제를 어렵지 않게 해온다. 하지만 간혹 무척 어려워하는 분들도 있는데, 이럴 경우 꼭 30개를 써야 한다고 압박하기보다는 할 수 있는 데까지 작성해 보는 것이 중요하다고 얘기해 준다.

워크숍에서 자리 배치를 할 때는 가급적 모르는 사람들끼리 앉도록 한다. 낯선 사람들 사이에서 내가 하고 싶은 것들을 작성해보는 것이 중요하다. 이때 '나'에 대해 집중하는 시간을 갖기 위해 참여자 소개는 뒤로 미룬다. 함께 하는 사람들에 대해 아는 것이 버킷리스트를 쓰는 데 당장 도움이 되는 것도 아니기 때문에 다소 어색한 상황을 그대로 둔 채 시작한다. 대신 간단한 아이스브레이킹 같은 것들로 자기소개를 대체한다. 내게 100만 원이 주어진다면 어떤 일을 하고 싶은지, 선물을 받는다면 누구에게 어떤 것을 받고 싶은지 같은 질문을 참여자들에게 한다. 그리고 이에 대한 답을 들으면서 어색한 분위기를 누그러뜨린다. 동시에 자신이 어떤 욕망을 가지고 있는지 생각해보게끔 한다. 그래서 아이스브레이킹이지만 일부러 욕망을 건드리는 질문을 한다.

아이스브레이킹 후에는 버킷리스트 100개를 쓰는 의미와 쓰는 방법에 대해서 안내한다. 안내는 중요 포인트만 짚어주는 것으로 간단하게 진행한다. 그래서 워크숍의 핵심인 '쓰기' 시간을 최대한 확보한다. 오프라인으로 진행할 때에는 포스트잇에 하나씩 손으로 쓰고, 온라인으로 진행할 때에는 구글 스프레드시트 하나를 공유해두고 그곳에 작성하게끔 한다. 이때는 참여자들이 최대한 자신에게 집중할 수 있도록 대화는 가급적 지양하고, 질문도 가급적 조용히 받는다. 골똘히 '나'에 대해 생각할 수 있는 환경 만들기를 가장 중요하게 생각한다.

쓰는 작업은 20분 정도씩 끊어서 진행한다. 버킷 쓰기를 잘하는 방법에 대해서는 앞에서 설명한 대로 몇 가지 단계를 거치는 게 좋다. 첫 20분 동안은 3년 후 나의 모습을 그려보고, 그것에 맞춰서 1년 동안 하고 싶은 일을 적어본다. 최대한 쪼개서 써보도록 안내한다. 워크숍 진행자는 중간중간에 참여자들의 버킷리스트를 보면서 구체적이고 측정 가능하게끔 쓸 수 있도록 추가적인 안내를 한다.

두 번째 20분 동안은 사소해서 목표로 잡지 않은 것들에 대해 써보도록 한다. 굳이 버킷리스트에 써도 되나 싶은 일상적인 것들에서부터 중요하지만 내가 그동안 지나쳐버렸던 것들에 대해 생각해 볼 수 있도록 한다. 이때 내가 소중하게 생각하는 사람들과 하고 싶은 일들이 주로 나온다. 당연하다고 생각해서 오히려 소홀했던 것을 참여자들에게 써보라고 한다. '할머니에게 사랑한다 말하기' '아버지와 식사하기' '아내에게 꽃 선물하기' 같은 것들이다.

두 번째 세션까지 끝나게 되면 다른 사람들의 버킷리스트를 '감상'하는 시간을 갖는다. 버킷리스트를 쓰느라 피곤해진 눈과 손을 쉬게 하면서, 다른 사람들의 리스트를 보며 버킷 아이디어를 떠올릴 수 있게끔 한다. 참여자들은 타인의 버킷리스트를 보면서 자기 것으로 변형해 적어본다. 누군가 써 놓은 '패러글라이딩 해 보기'를 보고 나의 버킷에 포함시키기도 하고, '브런치 작가 되기'를 보고 나의 도전 항목에 집어넣기도 한다. 이 시간은 그동안 생각하지 못했던 욕망들을 다른 사람들의 리스트에서 발견하고 그것을 나의 리스트에 포함시키는 시간이다. 시험 시간에 다른 사람들의 답지를 커닝하듯 쓰는 것이지만 남들이 작성한 리스트를 보면서 하고 싶은 일은 새롭게 찾기도 하고 내 욕망을 더 끌어올리기도 한다. 타인의 버킷이 일종의 지렛대 역할을 한다고 할 수 있다. 물론 이 과정에서 진짜 하고 싶은 일이 아닌 충동으로 적는 버킷들도 있다. 쓰는 순간에는 잘 모르지만 버킷리스트를 완성하고 6개월이나 1년 후가 되면 실제 실천 여부를 통해서 그것을 판단할 수 있는데, 이 또한 무척 의미 있는 작업이 된다.

감상이 끝난 다음에는 서로의 버킷리스트를 보면서 그 사람이 어떤 사람인지 유추하고 설명하는 시간을 갖는다. 낯선 사람을 옆에 앉게 하는 이유가 바로 이 때문이다. 개인 정보를 오픈한 상태가 아니기 때문에 버킷만으로 내가 어떤 사람인지 상대방으로부터 들어볼 수 있는 기회를 가질 수 있다. 이 시간이 무척 재미있고 소중하다. 이 부분은 이어지는 꼭지에서 좀 더 상세히 설명하겠다.

이제, 커닝 세션까지 포함해서 버킷 100개를 채우고, 버킷리스트를 작성하는 일은 마무리가 된다. 두 시간 정도의 워크숍 시간 동안에 버킷 100개를 모두 다 써내는 분들도 있지만 대개는 그 시간 안에 완성하지 못한다. 완성하지 못한 버킷리스트는 워크숍 이후 개인적으로 보완하도록 한다.

이후 워크숍 참여자분들의 상황에 따라 실천 모임을 별도로 꾸리거나 중간 점검 시간을 따로 갖기도 한다. 이후 시간들은 버킷 실천을 서로 독려하거나 자극하는 목적으로 운영된다.

정리하고 보면 버킷리스트를 만드는 작업은 그리 복잡한 과정을 거치지 않는다는 것을 알 수 있다. 누구나 할 수 있고, 혼자서도 할 수 있다. 그럼에도 불구하고 워크숍이 필요한 이유는 당장 그것이 나의 일이나 급박한 사정과 연결되지 않는 한 잘 하지 않기 때문이다. 아마 많은 분들이 무슨 뜻인지 알 것이다. 헬스클럽을 다니는 이유는 운동을 못 해서가 아니라 스스로 강제성을 부여하고, 함께 운동하는 사람들과 경쟁도 하고, 운동의 재미와 성취감을 얻기 위함이다. 워크숍도 이와 다르지 않다. 환경을 만들어야 비로소 내가 하고 싶은 일에 대해 두세 시간 동안 집중해서 생각해 보게 된다. 그런 기회가 없다면 우리는 평생 자기 발견을 미루게 된다.

자기 계발서의 고전으로 꼽히는 책 『성공하는 사람들의 7가지 습관』에서 저자 스티븐 코비는 성공하는 삶을 위해 우리가 만들어야 할 습관 일곱 가지를 소개했다. 작가가 소개한 습관 중 가장 인상 깊었던 것이 '소중한 것을 먼저 하기'이다. 저자는 우리가 해야 할 일을 긴급성과 중요성이라 요소를 기준으로 네 가지 매트릭스로 구분했다. 긴급한 일은 말 그대로 지금 당장 해야 하는 일을 의미하고, 중요한 일은 우리의 사명, 가치관과 연결된다. 이를 기준으로 긴급하고 중요한 일, 긴급하진 않지만 중요한 일, 긴급하지만 중요하지 않은 일, 긴급하지도 않고 중요하지도 않은 일로 구분했다. 코비는 효과적인 자기 관리를 위해서는 '급하지 않지만 중요한 사안'들에 집중해야 한다고 강조한다. 대부분의 사람들은 급하지 않다는 이유로 이 분류에 속하는 일들을 간과하지만, 긴급성은 떨어지더라도 중요한 일들을 규칙적으로 하게 되면 삶에 긍정적인 변화를 가져올 수 있다. 운동을 하고, 책을 읽고 글을 쓰는 일은 당장 시급하지 않지만 삶의 긍정적인 효과를 주는 일들이다. 이를 생각하면 중요하지만 급하지 않은 일이 얼마나 우리 삶에 필요한지 금방 이해할 수 있게 된다.

비단 자기 계발에만 해당되는 것도 아니다. 직장 생활에서도 유효한데, 우리는 회사 생활을 하다가 종종 급하지는 않지만 중요한 일들을 미루곤 한다. 예를 들면, 어떤 문제점을 발견하고 개선하는 일들이다. 당장 어떤 사고가 터져 피해가 발생하는 것은 아니지만, 문제로는 이미 알고 있는 경우다. 이런 일은 꼭 해당 문제로 인해 그 일이 긴급하게 바뀌고 나서야 부랴부랴 처리한다. 곪아 터지기 전에 처리하는 것이 훨씬 효율적인 데도, 당장의 손실이 없다는 이유로 미루고 미루다 일을 키우곤 한다. 중요한 일임에도 불구하고 급하게 처리한 일인 만큼 그 결과는 뻔하다고 할 수 있다. 버킷 100개를 쓰는 과정에서 우리는 이런 부류의 일, 즉 급하지는 않지만 중요한 일들을 하나씩 찾아낼 수 있다. 그런 점에서 100개를 쓰는 일은 단순히 '내가 원하는 것이 뭔데'하는 욕망을 발견하는 일이기도 하지만 중요한 일을 찾아내고 발견하는 과정이라고도 할 수 있다.

사실 버킷 100개를 쓰는 일 자체도 '중요하지만 급하지 않은 일'이다. 당장 버킷 리스트를 만들지 않는다고 해서 내 삶에 무슨 변화가 생기지도 않는다. 그래서 혼자서는 잘 안 하게 된다. 그런 점에서 볼 때 버킷리스트 워크숍은 '중요하지만 급하지 않은 일'을 할 수 있는 환경을 제공해주는 일이다. 일부러 시간을 내어 버킷리스트에 집중하게 만듦으로써 나에게 중요한 일이 무엇인지를 찾도록 도와주는 것이 버킷리스트 워크숍이다.

16

워크숍을 통해 얻을 수 있는 것들

스펙을 공개하지 않고 소개팅을 주선하는 서비스가 있다. 멤버십 가입을 해야 서비스 이용이 가능한데, 가입을 위해서는 스무 개의 질문에 답을 해야 한다. 스무 개의 질문은 개인의 라이프스타일이나 가치관과 관련한 것들이다. 아무렇게나 답한다고 되는 것도 아니고, 운영진의 심사를 통과한 사람만이 이용할 수 있다. 멤버십 가입에 성공한 사람들은 운영진에게 별도의 신원 보증 서류를 낸 후 질문에 대한 답변을 토대로 가치관이나 라이프 스타일이 비슷한 사람들과 소개팅을 한다.

소개팅 당사자들끼리는 서로의 스펙에 대해서 묻거나 밝히지 않는 게 원칙이다. 스펙을 밝히지는 않지만 비슷한 취향의 사람들끼리 만나게 해 인생에 대해 좀 더 진지한 이야기를 나눌 수 있도록 한다.

이 서비스가 인상 깊게 다가온 것은 바로 스무 개의 질문 때문이다. 어떤 학교를 나왔고 어떤 일을 하느냐로 먼저 사람을 판단하지 않고, 스무 개의 질문이 내포하고 있는 취향이나 가치관을 먼저 보게 함으로써 외부적 조건보다는 내적 조건을 먼저 살피게 한다는 점이다. 이런 방식은 버킷리스트 워크숍에서 자신의 버킷리스트를 다른 참여자와 공유하는 과정과도 비슷하다. 워크숍에 참석한 사람들은 서로가 어떤 일을 하고 어떤 환경에서 생활하는지 모르지만, 버킷리스트를 통해서 상대방이 어떤 사람이고 어떤 것을 중요하게 생각하는지 힌트를 얻는다. 워크숍 때 자기소개 시간을 따로 갖지 않는 이유가 이 때문이다. 100개의 버킷을 쓰는 시간을 확보하기 위한 것도 있지만 서로에 대해 선입견을 가지지 않도록 하기 위함이다.

워크숍에서는 한발 더 나아가 버킷리스트를 통해

서 타인에 대해 알게 된 점에 대해 서로 설명하는 시간도 따로 갖는다. 즉, 옆 사람의 리스트를 보고 그가 어떤 고민을 하고 있는지, 어떤 것을 바라는지 추측하고 설명하도록 시킨다. 이때도 가급적이면 모르는 사람으로 그 대상을 정한다. 때에 따라서는 그 원칙이 잘 지켜지지 않지만, 설명을 듣는 사람 입장에서는 가급적 모르는 사람으로부터 설명을 들어보는 것이 좋다. 아무런 정보 없이 버킷리스트만으로 내가 어떤 사람인지를 들어본다는 것은 무척 흥미롭고 재미있는 일이다. 그리고 무척 객관적으로 나를 알아보는 방법이기도 하다.

버킷리스트를 보고 그 사람을 설명할 때는 크게 두 가지로 해석 할 수 있다. 한 가지는 '현재 상태'이고, 나머지 한 가지는 '되고자 하는 상태'이다. 버킷리스트에는 지금의 한계를 깨고 싶어서 쓴 버킷과 다음의 내 모습을 투영해서 써낸 버킷이 혼재하기 때문에 두 가지 설명이 모두 가능하다. 한계를 깨고 싶어 하는 버킷에서는 현재의 고민을 읽을 수 있고, 무언가 이루고 싶은 버킷에서는 그 사람이 원하는 미래 모습을 읽을 수 있다.

실제로 타인으로부터 자신에 대한 설명을 듣는 참여자들은 마치 무릎팍도사라도 만난 것처럼 격하게 공감하며 "맞아! 맞아!"를 외친다. 처음 만나는 사람의 이야기에 진짜 자신의 모습을 발견한 것 같아 신기해한다. 그래서 워크숍 세션 중 이 시간을 사람들이 제일 좋아한다. 새로운 경험이기도 한 데다가 자기 자신에 대해 한 발짝 물러나 객관적으로 생각해보는 시간을 가질 수 있기 때문이다. 이 과정을 겪고 나면 사람들은 자연스럽게 스스로 생각했던 자신의 모습, 타인으로부터 들은 자신의 모습을 믹스하면서 스스로를 재정의한다.

스펙 없이 서로의 가치관이나 관심사만으로 소개팅을 하는 것이 진솔한 만남을 유도하는 것처럼, 서로에 대한 정보 없이 버킷리스트 자체만으로 커뮤니케이션을 나누다 보면 참여자들끼리의 친밀도는 크게 올라간다. 이런 친밀감은 나중에 버킷리스트 실행에도 큰 힘이 된다. 워크숍에 참여한 분들 중 친화력이 좋은 분들은 마치 자신의 일인 양 팔을 걷어붙이며 다른 사람들의 실천을 돕겠다며 소모임을 조직하기도 하고, 서로 의기투합해 실천 모임을 만들기도 한다. 개별적으로는 포스트잇을 벽에 붙여넣고 체크하는 분도 있고, 노션 (Notion) 같은 디지털 도구나 엑셀 시트에 100개를 정리해 두고 관리하는 분도 있다. (물론 워크숍이 끝나고 자신의 리스트를 어딘가 처박아두고 잊어버리는 분도 있다.)

그동안 워크숍 참여한 분들을 보게 되면 분기 또는 반기 단위로 만나서 서로 간에 버킷 실천 과정을 점검하고 유대를 다지는 게 훨씬 만족도가 높았다. 아무래도 혼자 하는 것보다는 버킷을 공유하고 함께 실천 계획을 짜는 것이 실행률을 올리는 데 훨씬 도움이 되기 때문이다. 이처럼 중간 점검의 자리는 흐트러진 마음가짐을 바로잡는 계기가 되고, 다른 사람의 응원은 실천력을 높이는 데에 큰 힘이 된다. 진정한 의미의 '느슨한 연대'라 할 수 있다.

요약하자면, 버킷리스트 워크숍은 내가 무엇을 원하는지 쓰는 시간과 그것을 바탕으로 내가 어떤 사람인지에 대해서 생각하는 시간 그리고 새로운 연대를 형성하는 시간으로 나뉜다. 이 시간을 통해 우리는 **완벽한 자기 발견**에 다가갈 수 있다. 자기 발견은 나 혼자서도 하는 것이지만 타인과도 함께 하는 것이다. 스스로에 대해 객관적으로 이해함과 동시에 옆 사람과의 유대감도 얻게 된다. 그러면서 연대 의식도 싹튼다. 그런 의미에서 버킷리스트 워크숍은 단순히 하고 싶은 것을 쓰기 위한 과정만이 전부는 아니다. 내가 어떤 사람인지 좀 더 객관성을 높여 자신을 생각해보는 장이 되며 새로운 사람들을 만나고 좋은 관계를 맺는 시간이 되기도 한다.

17

버킷리스트 워크숍 이런 분들에게 추천

워크숍에서의 버킷리스트 작성 절차, 그리고 이후 실천력을 높이는 방법에 대해서 두 꼭지에 걸쳐 설명해보았다. 이제 버킷리스트 작성을 어떤 사람들과 같이 하면 좋을지 얘기해보자.

미리 결론을 얘기하면 SNS에 버킷 쓰기를 올려 낯선 사람들과 함께 해보는 것도 좋고, 가까운 사람들과 함께 해보는 것도 좋다. 대신 가까운 사람들과 하게 되면 나에 대한 객관적인 설명을 기대하기는 어렵지만 리스트 작성을 통해 서로를 이해하는 데에는 많은 도움을 얻을 수도 있다.

개인적으로는 가족과 함께 하는 버킷 쓰기를 제일 추천하고 싶다. 나는 초등학생 자녀들과 매년 버킷리스트를 쓰고 있다. 아이들이 잘 따라와 주는 편이다. 그렇다고 아이들에게 100개를 반드시 채우라고 권하지는 않는다. 물론 최대한 많이 쓸 수 있도록 독려하기도 하지만 초등학생들에게 100개는 아무래도 무리라고 생각하기 때문이다. 다행히 우리 아이들은 몇 년째 버킷리스트 쓰기를 하면서 하고 싶은 일을 쓰는 것에 익숙해져 있다. 우리 아이들은 올해도 각각 30개 정도의 버킷을 뽑고 하나씩 실천해 나가고 있다.

아이들과 버킷리스트를 쓸 때 몇 가지 신경 써야 하는 일이 있다. 그중 하나가 아이들이 자연스럽게 쓸 수 있도록 내버려 둬야 한다는 것이다. 무엇을 쓰든 부모가 신경 쓰지 않는 것이 중요하다. 설사 부모가 원치 않는 게임에 관한 것이든, 연예인에 관한 것이든, 무엇을 쓰든 아이들에게 위험한 것이 아니라면 상관없다는 분위기를 만드는 것이 중요하다. 그래서 부모의 욕망을 개입시키지 말고 아이들이 편안한 상태에서 눈치 보지 않고 자신이 원하는 것을 쓰도록 유도한다. 단, 아이들이 버킷리스트 쓰기를 힘들어하면 질문을 던져 아이들을 도와줄 수 있다. "지율이는 갖고 싶은 게 뭐야?" "지원이는 새로 배우고 싶은 건 없어?" "지율이는 작년에 아쉬웠던 건 없어?" "학교에서 하고 싶은 건 없어?" 질문을 할 때는 가급적 열린 형태로 질문을 하는 것이 중요하다. 부모로서 자신이 바라는 바를 아이들에게 유도하는 것은 아닌지 신중하게 생각하며 물어봐야 한다. 화두를 던져주되 아이 스스로 생각하게끔 하는 것이 질문하는 핵심 이유라 할 수 있다.

또 하나 강조하고 싶은 것은 쓴 것들을 꼭 해야 한다고 강요해서는 안 된다는 것이다. 어른들의 경우와 마찬가지로 버킷리스트를 쓰는 작업은 스스로가 무엇을 원하는지를 알아보는 과정이다. 실행을 강조하면 아이들도 당연히 쓰는 행위에 부담을 느끼기 마련이다. 단, 연말에는 버킷리스트를 다시 꺼내 보고 하고자 했던 것들을 돌아보는 시간을 가지면 좋다. 대신 이때도 무엇을 했고 무엇을 못 했는지 비판하기보다는 했던 것들 위주로 칭찬을 많이 해주는 것이 중요하다.

이런 주의점들은 아이들이 버킷리스트 쓰기를 즐거운 경험으로 인식하도록 하기 위함이다. 편안하게 쓰고, 쓴 것을 실행하고, 그리고 칭찬받는 것을 통해 아이들은 하고 싶은 것을 자연스럽게 표출하고 해내는 성취감을 경험할 수 있다. 다양한 성공 경험을 아이들이 많이 해보는 것이 좋다는 것은 누구나 다 아는 사실이다. 그래서 부모가 센스를 발휘해 아이들을 '은근히' 도와주는 기지를 발휘하면 좋다. 이때 아이들이 눈치채지 않도록 슬며시 도와주는 것이 핵심이다. 이 과정을 통해 아이들은 '쓰면 이루어진다'라는 믿음을 가지게 된다.

새로운 출발을 하는 사람들과 함께 써보는 것도 추천하고 싶다. 대표적인 경우가 신입 사원 연수다. 회사에 갓 들어온 신입 사원의 경우 사회생활을 이제 막 시작하는 입장이다 보니 하고 싶은 일이 많다. 이를 하나씩 버킷리스트로 정리하게 되면 회사에서의 업무 성취감을 만들 수도 있고, 당장 할 수 있는 일을 찾을 수도 있다. 또한 앞에서도 한번 언급했듯 버킷리스트를 통해 신입 사원 개개인에 대한 이해도를 높이게 되면 힘들게 뽑아 놓은 신입 사원이 회사에 적응하지 못하고 조기 퇴직하는 문제도 해결할 수 있다. 조직 전체로도 긍정적인 영향을 줄 수 있다는 것은 두 말 하면 잔소리다.

비단 신입 사원뿐만이 아니다. 입사 후 1년 정도가 지나 리프레시 연수를 할 때도 버킷리스트 워크숍을 해보는 것이 유용하다. 직장 생활을 하다 보면 고비가 여러 번 찾아오는데, 입사 1년 후도 그중 하나다. 회사 일이 익숙해지면서 동시에 직장 생활의 한계가 느껴지는 시기가 이때다. 그래서 회사마다 다르겠지만 많은 대기업들은 1년이 된 직원들을 대상으로 리프레시 연수를 진행한다. 이때 버킷리스트를 써보게 되면 직장에 대한 나의 마음, 나아가 진심 같은 것을 탐색해 볼 수 있다. 물론 회사에서 진행하는 워크숍이라 속마음까지 진실하게 쓰기는 어려울 수 있지만, 워크숍을 통해 직장인 1년 차를 돌아보는 것만으로도 개인적으로나 조직적으로 유용한 시간이 될 수 있다.

그 외에 승진자 대상 연수나 복직자 연수 등에도 버킷리스트 워크숍이 유효하다. 버킷리스트를 쓰고 나누는 과정을 통해 참여자들은 자신의 바뀐 상황이나 환경에 대해 한 번 더 생각하게 되고 새롭게 마음을 다잡는 계기를 만들 수 있다.

학교 선생님들의 경우 학생들과 함께 버킷리스트를 만들어 보는 것도 좋다. 새 학기가 되면서 버킷리스트를 함께 만들고 실천도 함께해보는 것은 학생들 개개인을 이해하는 데 도움이 될 뿐만 아니라 아이들 스스로에게도 뭔가 해보고 싶은 동기를 준다. 그리고 학년이 바뀌거나 할 때 낯선 친구들을 만나게 되는데, 서먹한 관계를 푸는 데에도 워크숍이 도움을 줄 수 있다. 실제 버킷리스트 워크숍을 초등생들과 함께해본 어느 선생님께서는 아이들이 하고 싶은 일을 쓰는 것에 대해 처음에는 어색해했지만, 이런저런 것들을 써보면서 1년을 설계하는 시간을 흥미롭게 여겼다고 흡족해했다.

그 외에도 퇴사 이후 제2의 인생을 설계하는 분들이나 휴직을 시작하는 분들, 취업을 준비하는 분들처럼 인생의 전환기에 무엇을 해야 할지 갈피를 잡기 어려운 분들께도 버킷리스트 워크숍을 함께 해보는 것을 추천한다.

작년에 칼 세이건의 『코스모스』를 난생처음 읽었다.

꼭 읽어야 하는 책으로 손꼽히지만 그동안 책이 너무 두껍고 어렵다는 이유로 멀리했는데, 함께 읽자는 사람들이 있었고 모임을 만든 덕분에 처음부터 끝까지 완독할 수 있었다. 책 내용을 정확히 이해하지는 못했지만 포기하지 않고 끝까지 읽었다는 것만으로도 충분히 기뻤다. 달리기를 할 때도 비슷한 경험을 한다. 힘든 구간도 함께 달리는 사람들이 있다면 훨씬 쉽다. 같이 달린다는 것 자체가 큰 힘이 되기 때문이다. 페이스 메이커가 있을 때 좋은 기록이 나오는 것도 다 이런 이유 때문이다. 누군가가 나를 끌어준다는 생각이 포기하지 않고 끝까지 달릴 수 있게 해준다.

우연히 시작한 워크숍이지만 몇 번의 변화를 거쳐 지금에까지 이르게 된 것도 '함께'의 힘을 느낄 수 있었기 때문이다. 워크숍에 참여한 분들은 혼자라면 몇 개 쓰고 말았을 것을 함께하는 과정을 통해서 끝까지 쓸 수 있었다고 말한다. 그들은 이구동성으로 버킷리스트 워크숍 덕분에 자기가 무엇을 원하는지 더 깊이 있게 파악할 수 있었고, 뭐라도 해보고 싶은 힘을 얻게 되었다고 말한다. 워크숍에 와서 생기와 열정을 되찾는 분들을 보면 나 역시 좋은 기운을 받아 가는 것 같아 주최자로 뿌듯하다. (개인적으로는 내가 더 감사해야 할 것 같다.)

보다 많은 사람들이 버킷리스트 워크숍을 경험했으면 좋겠다. 그리고 용기를 내어 스스로 이런 워크숍을 만들었으면 좋겠다. 주최자로서 부담을 느끼기보다는 책에 나온 방식을 활용해 함께 판을 만들어 보았으면 좋겠다. 그 속에서 많은 사람들이 고민을 나누고 함께하는 사람들로부터 위로를 받고 용기를 얻을 수 있었으면 좋겠다.

3부

반짝반짝 빛나는
내 자리를 찾았습니다

18

취향을 확인하는 것만으로도 충분하다

회사 생활이 힘든 것도, 무기력을 느끼는 것도, 결국에는 내가 어떤 사람인지도 모르고 성장한다는 느낌도 받지 못하기 때문이다. 어차피 뭘 해도 상황은 바뀌지 않을 것 같고 그래서 새로운 것을 시도하기 주저한다. 그러다 이래도 되나 싶은 불안감이 엄습하고 그것은 곧 마음의 위기감으로 이어진다. 이대로 살다가는 생이 이렇게 마감될 수도 있겠다는 생각이 들기도 한다. 나 역시도 그랬다. 휴직을 결심하게 된 것도, 휴직을 한 후 버킷리스트 워크숍을 만든 것도 다 그런 이유 때문이었다.

한 집안의 가장으로서 다소 무책임한 결정이기도 했지만 나로서는 절박했다.

휴직을 하면서 '나'에 대해 진지한 탐구를 하게 되었고, 많은 사람들을 만나 다양한 이야기를 듣고 그들과 함께 새로운 도전을 해보면서 내 안의 성장 욕구를 어떻게 발전시키고 채울 수 있을지 힌트를 얻었다. 휴직 기간 나는 아주 많이 변했고, 복직에 대한 마음도 가벼워졌다. 더불어 복직을 한 후에는 나와 같은 고민을 하는 비슷한 처지의 직장인들을 돕고 싶다는 바람도 생겼다. 실제로 휴직을 끝내고 회사로 돌아온 지금 나는 1년 전의 나와는 많이 달라졌다. 이제 나는 지난 1년 동안 경험한 것들을 다시 회사 동료들과 함께 나누려 한다. 하지만 다시 출근한 회사에서 막상 내 생각대로 뭔가를 하기에는 조심스러울 수밖에 없다. 무엇보다 회사 사람들과 업무 외적으로 어떤 관계를 맺는다는 게 쉽지가 않다. "도를 아십니까?"라고 길 가는 사람들을 붙잡고 물어보는 사람들처럼 아무에게나 뜬금포를 날릴 수는 없기 때문이다.

그러던 중에 타 부서의 동료가 휴직 경험이 어땠냐

고 내게 물어온 일이 있었다. 업무상 문의할 게 있어서 회의를 하는 자리였는데, 질문 덕분에 업무 이야기는 잠시 밀쳐두고 휴직 기간 동안 경험한 것들을 신나게 들려줄 수 있었다. 그도 내 이야기를 흥미롭게 들었다. 이야기가 끝난 후 우리는 독서 모임을 함께 해보기로 했다. 새로운 에너지를 얻기에는 책만 한 게 없다고 생각했다. 여기에 몇 분이 더 합류해서, 총 네 명이 한 달에 한 번씩 한 권의 책을 읽고 이야기를 나누는 모임을 가졌다. 독서 모임은 기대 이상으로 재미있었다. 장강명 작가는 『책, 이게 뭐라고』에서 독서 토론을 하게 되면 사람들은 쑥스러워하지 않고 자신이 생각하는 좋은 삶에 대해 그리고 인생에 대해 말하게 된다고 했다. 그런데 회사 사람들과 하는 독서 토론에서도 마찬가지였다. 양념처럼 회사 이야기가 버무려지긴 했지만 회사원이 아닌 인생 주인공으로 진짜 우리 이야기를 나눌 수 있었다.

모임에서 함께 읽은 책 중 기억에 남는 책이 하나 있다. 『원씽』이다. 중요한 것과 중요하지 않은 것을 구분하고, 내가 해야 하는 일에 집중해야 한다는 이야기가 인상적인 책이다. 여러 일을 벌이기보다는 우리가 잘 할 수 있는 하나에 집중해야 한다는 것을 말하는 책이다. 하지만 책을 읽으며, 현실적으로 '원씽'이 가능할까 하는 의문이 들었다. 자신이 하는 일에 대해 만족하는 사람이라면 그 일 중심으로 원씽을 만들어 가면 되겠지만, 직장 생활에 회의를 느끼고 회사 일이 아닌 다른 것을 해보고 싶은 사람이라면 원씽이 무슨 의미일까 싶었다. 아니 정확히 말하자면 불가능해 보였다. 회사 일을 하면서도 내가 원하는 바를 이뤄 가려면 원씽이 아니라 투씽즈, 쓰리씽즈 정도는 있어야 할 것 같았다. 함께 책을 읽은 분들도 비슷한 아쉬움을 토로했다. 원씽을 갖기 위해서는 뚜렷한 목적의식이 필요한데 그게 현실적으로 어려워 보인다는 지적이었다. 독서 모임을 함께 하진 않았지만 먼저 책을 읽었던 아내도 어떻게 하면 목적의식을 가질 수 있는지 알려주지 않고, 목적의식을 가져야 한다는 말만 하고 있어서 공허하게 들렸다고 했다. 목적의식이 뚜렷한 사람이야 시키지 않아도 원씽에 집중할 테지만 그렇지 못한 사람들에게는 그저 훌륭한 사람이 되어야 한다고 말하는 것처럼 공허하게 들릴 수 밖에 없다고 했다.

　휴직을 하기 불과 3년 전만 해도 나는 무엇을 좋아하는지, 무엇부터 하면 좋을지 갈피를 잡지 못했다. 그냥 출근하고 퇴근하고 매일 똑같은 직장 생활을 반복할 뿐이었다. 하지만 버킷 100개를 작성하고서부터는 달라지기 시작했다. 처음에는 뭘 적어야 할지 막막했는데 꾸역꾸역 쓰다 보니 100개를 완성할 수 있었고, 하나둘 실제 행동으로 옮기면서 그동안 잊고 있었던 나를 찾을 수 있었다. 두 번째 해에는 버킷 100개 쓰기가 훨씬 수월해졌고 그러면서 점점 더 내가 어떤 것에 보람을 느끼고, 어떤 것에 희열을 느끼는지 알아 갔다.

　연초와 연말에 버킷을 정리하는 글을 쓰면서는 버킷 리스트에 담긴 의미를 좀 더 체계화할 수 있었다. 내가 했던 일에 대해 의미를 부여해 주고 내가 어떤 사람인지, 어떤 성장을 바라는지 알 수 있게 해주었다. 『원씽』에서 언급한 것처럼 아주 뚜렷한 목적의식을 갖게 된 것인지는 모르겠지만, 내가 무엇을 좋아하는지 언제 어떨 때 가치 있는 사람이라고 느끼는지 정도는 알게 되었다. 이 모두가 버킷 쓰기 덕분이라고 할 수 있다.

사실 목적의식 같은 것까지는 아니고, 그냥 '취향' 같은 거라고 할 수도 있다. 취향은 '하고 싶은 마음이 생기는 방향 또는 그런 경향'이라는 사전적 의미를 갖고 있다. 취향은 어떤 일을 대함에 있어 마음에서 일어나는 호불호의 감정을 의미한다. 내가 사람들과 함께하는 것을 좋아하고, 가진 것을 나눠주기 좋아하는 것이 목적의식보다는 취향에 더 어울리지 않을까, 하는 생각을 해보기도 한다. 나는 취향이 뜬구름 잡는 말이 아니라 좀 더 현실적인 나의 바람, 지향성을 담고 있어서 좋다고 생각한다. 버킷리스트를 쓰는 과정도 결국 버킷을 쓰고 하나둘 실행을 하면서 내 취향을 알아가는 것일지도 모른다.

"어떻게 하면 나 자신을 알 수 있을까? 많은 사람들이 내면의 탐색을 강조하지만, 사실 세상과 등지고서 자신의 마음을 들여다본다고 해서 스스로를 더 잘 이해하는 것은 아니다. 오히려 구체적 상황, 관계, 환경에서 어떤 감정을 느끼고 어떤 결정을 내리고 어떻게 행동하느냐를 깊이 관찰하는 편이 훨씬 더 효과적이다."

문요한 작가는 『여행하는 인간』에서 자신을 알기 위

해 구체적인 행동만큼 중요한 게 없다고 말했다. 내가 선택하고 행동으로 옮긴 것들을 스스로 돌아보는 것이야말로 스스로를 이해하는 데 가장 큰 도움이 된다. 아무것도 하지 않으면 아무 일도 일어나지 않는 것처럼 그냥 생각만 해서는 안 된다. 해봐야 안다. 그런 의미에서 나는 버킷 100개를 쓰고 실천하는 경험이 문요한 작가가 말하는 스스로를 잘 이해하는 방법과 비슷하다고 생각한다.

만약 이 책을 읽는 독자 중에 어떤 것을 행동으로 옮길지가 고민이라고 한다면 당장 버킷 쓰기를 해보고 몇 개라도 실천해 본다면 훨씬 수월하게 하고 싶은 것을 찾을 수 있다고 말하고 싶다. 그렇다면, 앞서 얘기한 '원씽'까지는 아니더라도 내 취향 정도는 찾을 수 있을 것이다. 누구나 내가 무엇을 하고 싶은지 써보고 그것을 해보는 과정에서 뚜렷한 나의 취향과 만날 수 있다. 당장 뚜렷한 목표 의식까지는 아니더라도 그 정도면 충분하다.

19

살아가는 이유, 일을 하는 이유가 달라졌다

얼마 전 한 단톡방에서 '일'에 대한 대화를 나눈 적이 있다. 카톡으로 나누기에는 다소 심도 깊은 대화였다. 함께 이야기를 나눈 사람들은 다들 적게 일하면서도 안정적인 수입을 기대했다. 당연한 바람이었다. 하지만 그러면서도 다들 일이 단순한 밥벌이로 그치는 것에 대해서는 경계했다. 어떤 방식으로든 일이 개인의 삶에 의미를 부여하는 것이 되어야 한다고 얘기했다.

대화 중 한 분께서 2017년 SBS에서 방영된 다큐멘터리 《퇴사하겠습니다》를 소개해 주었다. 동명의 책을 쓴 작가 이나가키 에미코의 이야기를 담고 있는 다큐멘터리를 4년 전에 감명 깊게 봤던 터라 채팅방에서의 소개가 너무 반가웠다.

"회사 생활이 아무리 힘들어도 '퇴사하겠습니다'라고 당당하게 말할 수 없는 이유가 경제적인 이유도 있지만, 당장 나가서 할 수 있는 일이 없다는 이유가 크다"고 했던 작가의 말이 기억났다. 회사를 다니며 열심히 일했을 뿐인데, 하고 싶은 것도 없고 잘하는 것이 무엇인지도 모르겠다는 작가의 이야기는 직장 생활을 하면서도 무엇을 항상 잊지 말고 있어야 하는지, 그러면서 회사를 당장 그만두지 못한다면 회사에 대한 나의 태도를 바꾸는 게 중요하다는 것을 알려준다. 다큐멘터리의 마지막 부분에 흘러나오는 작가의 멘트는 이렇다.

"마지막 순간, 회사에 '고마워'라고 말할 수 있는 자신을 만드는 것이 가장 중요하다고 생각해요."

회사 안에 소속된 종속적 관계가 아니라 회사와 나는 상호 계약으로 맺어진 독립적 관계임을 인식해야 한다는 멘트다. 회사를 다니면서 내 것을 지키며 살아간다는 얘기는 이제는 누구나 공감하는 말이 되었다.

다큐멘터리가 나오고 4년이 지난 지금, 개인들도 이 같은 변화를 많이 받아들이고 회사도 많은 부분 변해가고 있다. 워라밸이 직장 생활의 핵심 가치로 부각되면서 퇴근 시간을 지키는 게 중요해졌고, 주 52시간 근무도 제도권으로 완전히 들어왔다. 내가 다니는 회사도 야근 문화가 사라졌고 출퇴근 시간도 개인이 자율적으로 선택하고 있다. 우리 회사의 경우 오전 8시부터 10시 사이 원하는 시간대에 출근할 수 있는데, 나는 오전 8시에 출근해 오후 5시에 퇴근하고 있다. 퇴근 시간이 조금 빨라지면서 저녁 시간이 여유로워졌고, 그 시간을 이용해 사이드 프로젝트를 해볼 수 있게 되었다. 그러면서 나는 회사와 나를 대등하고 독립적인 관계로 바라볼 수 있게 되었다.

말 타면 경마 잡히고 싶다고 했던가? 하나가 충족되니 요즘은 더 큰 것을 바라고 있다. 그 바람 안에는 과연 출퇴근 시간을 잘 지키는 것만이 워라밸의 핵심일까, 라는 고민이 들어 있다. '하루 8시간 근무 시간을 잘 지킨다고 해서 워라밸이 완성되는 걸까? 정해진 근무 시간을 잘 지켜가며 일하는 것이지만 그 시간이 괴

롭고 힘든 거라면 과연 일과 삶의 균형이라고 이야기
할 수 있을까? 힘들게 일하고 지쳐서 퇴근하는 것이 아
무리 정시 퇴근을 한다 한들 삶에 긍정적인 영향을 미
친다고 할 수 있을까?' 적어도 그런 식으로 일하는 것이
회사를 졸업할 때 '고맙다'는 말로 연결되기는 어려울
것 같다. 그래서 진정한 워라밸의 핵심은 물리적인 것보
다 정서적인 것에 있다는 생각을 요즘 자주 한다. 정시
출퇴근도 중요하지만, 일 속에서 얻는 기쁨과 슬픔, 즉
일의 의미가 내 삶에도 시너지를 줄 수 있어야 한다는
것이다.

그렇다면 어떻게 하면 일에 대해서 의미를 찾을 수
있을까? 회사에 대해 훨씬 더 긍정적인 생각을 가져 보
면 되는 것인가? 사실 그렇게 태도를 쉽게 바꿀 수 있
다면 더할 나위 없이 좋겠지만, 사람 마음이 그렇게 손
바닥 뒤집듯 쉽게 바뀌지는 않는다. 그래서 나는 오히
려 일에 대한 관점을 달리 하기 위해 반대로 접근하는
것이 필요하다고 생각한다. 즉, 일에 대해 집중하기보
다는 오히려 '라이프'에 먼저 신경을 쓰는 것이다. 즉,
회사를 우선으로 보지 말고 퇴근 이후의 삶에서 먼저

의미를 찾고, 그것을 기반으로 일을 대하면 회사나 일에 대한 태도가 함께 달라질 수 있다는 것이 내 생각의 요지다. 항상 회사를 우선으로 생각하고 그 뒤에 개인의 삶이나 가정을 생각했던 우리 선배 세대들이 보기에는 납득하기 어려운 얘기겠지만 지금의 사회 분위기나 이제 막 사회생활을 시작하는 MZ세대를 생각한다면 충분히 고려되어야 할 포인트라 할 수 있다.

적어도 이런 생각이 나에게는 유효했다. 나에게는 '블로그'가 그 시작점이었다. 처음에는 별 생각 없이 시작했던 블로그였다. 큰아이가 7살이던 해, 아이와의 여행을 기록으로 남기고 싶다는 생각에 블로그를 시작했다. 그게 어영부영하다 보니 글을 써보고 싶다는 생각으로 발전했고, 어떻게 하다 보니 매일 글을 쓰는 습관으로 이어졌고 7년간 블로그를 했다. 그리고 지난 1,000일 동안 매일 블로그에 글을 썼다. 그 과정에서 사람들과 소통하고, 재미를 느꼈고, 내 글이 주는 책임감도 느낄 수 있었다. 회사에서 얻는 것과는 다른 종류의 만족감이었다.

블로그가 시작이었다면 내 가슴에 불을 질렀던 것

은 버킷 100개 쓰기 프로젝트였다. 한 때는 나 또한 다큐멘터리《퇴사하겠습니다》의 인터뷰이들처럼 내가 뭘 잘하고, 뭘 좋아하는지 알 수 없어 힘들고 괴로운 시절이 있었다. 하지만 하고 싶은 일 100개를 쓰고부터는 내가 하고 싶은 일과 할 수 있는 일이 꽤 많다는 것을 알게 되고 4년째 버킷리스트를 쓰면서는 내 삶이 180도 바뀌기 시작했다. 덕분에 나는 퇴근 이후의 삶이 꽤 분주해졌다. 지금은 끊임없이 새로운 프로젝트를 만들어 가며 성장의 기분을 즐기는 중이다.

신기한 건, 그렇게 블로그를 운영하고, 버킷리스트를 쓰기를 습관처럼 하다 보니 회사 생활이 달리 보이기 시작했다는 점이다. 우선 회사에서 일하는 게 그리 괴롭지만 않았다. 퇴근 이후의 삶이 기다리고 있어서인지 그럭저럭 견딜 만했고, 견딜 만하다 생각하니, 회사일 중에서도 '재미'있는 부분을 발견할 수 있었다. 지금은 마케팅 일을 하고 있는데, 어떻게 하면 좋은 마케터가 될 수 있을까를 매일 고민하고 있다. 그리고 그 고민이 내가 회사 밖에서 하는 일과도 무관하지 않다고 생각한다. 덕분에 새로운 아이디어도 계속 튀어나와 일의 재미를 증폭시켜 주고 있다. 물론 매번 재미있고 즐거울 수는 없다. 하지만 이따금씩 느끼는 즐거움이 일에 대한 활력을 더해 주는 것은 사실이다.

회사에 연연하지 않게 된 것도 회사 생활을 즐겁게 하는 데 있어 힘이 되고 있다. 통상 회사 생활을 잘하느냐 못하느냐를 승진으로 판단하는 경우가 많은데, 내 경우 승진을 반드시 해야 하는 어떤 것으로 생각하지 않기 시작했고, 자연스레 승진 때문에 겪는 스트레스나 상사에게 잘 보이기 위한 것들도 사라졌다. 그렇다고 회사 생활을 대충하고 있다는 뜻은 아니다. 회사 안에의 커리어는 결국 내가 하는 일이 무엇이든, 언제 어디서든 영향을 미칠 것이기 때문에 지금 하는 일에도 최선을 다해야 한다고 생각한다. 다만, 이전과 달리 최선을 다해야 하는 이유가 바뀐 것이라 할 수 있다.

일상 라이프에서 얻은 좋은 에너지는 결국 일로 연결된다. 최근 슬럼프를 겪으면서 일과 생활은 하나의 사이클로 연결되어 있다는 것을 확실히 알 수 있었다. 일이 힘들다고 생각하니 퇴근 후의 라이프도 그 영향을 벗어날 수 없었다. 결과적으로 얘기해 블로그를 운영하고 버킷리스트를 쓰면서 이전보다 회사 일이 훨씬 즐거워졌다. 적어도 덜 괴로워진 것은 분명하다. 나는 이런 방식이야말로 회사에 고맙다고 말할 수 있도록 나를 만들어 가는 방법이라고 생각한다.

'라이프'에서 얻은 기쁨이 '워크'로 연결되면서 회사에서 내가 할 수 있는 것들을 찾아 즐기게 되고 또 그것이 라이프로 연결되는 방식. 나는 이를 워라밸이 아닌 '라워밸'이라고 부르고 싶다. 일에서 의미를 찾고 삶으로 연결하는 방식도 있겠지만, 일상에서 할 수 있는 일에서 재미를 느끼고 그것을 다시 일로 연결하는 방식이다. 내게는 이 방식이 더 쉬워 보인다.

버킷리스트를 통해 생활의 활력 나아가 일의 활력을 찾은 나처럼 다른 사람들도 나와 같은 경험을 해보았으면 좋겠다. 누구나 자신만의 선순환을 만들어 갈 수 있다. 우리도 언젠가 퇴사하는 날, 즐겁게 회사에 "고마워"라고 말하며 작별 인사를 할 수 있을 때가 올 것이다.

20

나를 지키며 살아가는 방법

김호 작가의 책 『직장인에서 직업인으로』를 읽었다. 평균 수명이 길어진 요즘, 직장인으로 안주하지 말고 나만의 직업을 찾으라고 말하는 작가의 이야기가 무척 와닿았다. 작가는 직장인이 직업인이 되기 위해서는 자기 자신을 돌아보는 게 중요하다고 지적했다. 직장이 더 이상 우리 삶을 보호해주지 못하는 시대에 자기계발의 방향은 삶과 일에서 욕망하는 게 무엇인지 일찍 알아차리는 것이라고 했다. 그 답을 얻기 위해서는 스스로에게 질문을 던져야 하는데, '직장'으로서가 아닌 '직업'으로서 내가 하고 있는 일이 어떤 의미를 갖고 있는지 찾아야 된다고 말했다. 나는 책을 읽으면서 2021년에 나를 정의한 키워드 중 하나인 '욕심꾸러기 멀티플레이어'가 떠올랐다.

나에게 'N잡러'라는 타이틀을 부여한 것은 직장인이 아닌 직업인으로서 나의 일에 대해 생각해보자는 뜻을 갖고 있다. 언제부터인지 N잡러는 많은 직장인들의 꿈이 되었다. 회사 외의 별도 수입을 만들어 퇴사하겠다는 바람이 이 말을 유행으로 만들었다는 생각도 든다. 하지만 내 경우 N잡러의 의미는 별도의 수입을 얻는 제2의 직업을 뜻한다기 보다, 나를 입체적으로 만들고 회사 생활을 훨씬 가볍게 하도록 도와주는 것을 의미한다.

N잡러로서 내가 가장 애정을 갖는 있는 타이틀은 작가다. 사실 작가라 불리는 게 좀 민망하다. 고작 한 권의 책을 냈을 뿐이고, 지금 이렇게 두 번째 책을 쓰고 있는 중이라 작가라는 호칭을 덥석 받아도 되는 건지 잘 모르겠다. 앞서 낸 책도 대단한 수준의 판매 부수를 기록한 것도 아니라(물론 지금 쓰고 있는 책은 첫

번째 책보다 훨씬 많이 팔리길 바라고 있다) 많은 분들은 내가 책을 썼는지도 모를 것이다. 아무튼 이런 민망함에도 불구하고 첫 번째 N잡러 타이틀로 작가를 명명한 것은 그만큼 내가 글 쓰는 일을 사랑하고 전력투구하고 있기 때문이다. 나는 매일 꾸준히 쉬지 않고 글을 쓴다. 출근하기 전 잠깐, 퇴근하고 나서도 잠깐, 짬짬이 시간을 활용해서 계속 쓰고 있다. 글을 쓴다는 게 블로그에 끄적이는 수준에 불과해 작가라는 타이틀이 황송하긴 하다. 하지만 책도 준비하고 있고 꾸준히 글을 쌓아가고 있으니 계속해서 작가라 불려도 괜찮다고 스스로를 자부하고 있다.

그다음 N잡 타이틀은 퍼실리테이터다. 지난 1월 버킷리스트 워크숍을 몇 차례 진행했다. 열 명 남짓한 분들과 온라인 모임을 통해 버킷리스트 프로젝트를 진행했다. 참여하는 분들이 스스로 나다움을 발견할 수 있도록 이런저런 방식을 고민했고 이를 워크숍에 반영했다. 퇴근 후 저녁 시간을 이용해 온라인으로 워크숍을 진행한다는 게 쉽지 않았지만 무척 보람 있는 시간이었다. 사람들이 1년 동안 하고 싶은 일을 정리하면서 자신의 가치를 새로이 발견하는 모습을 볼 때마다 나도 힘이 났다. 앞으로 더 다양한 워크숍을 만들어 운영해 볼 생각이다.

세 번째 나의 N잡은 동기 부여가이다. 나는 여러 개의 모임을 운영하면서 사람들에게 열심히 동기부여를 하고 있다. 습관 실천 모임에서도 독서 모임에서도 사람들과 함께하며 열심히 밀어주고 당겨주는 일을 한다. 물론 동기부여가 쉽지 않은 일이라는 걸 안다. 나조차도 흔들릴 때가 많은데, 내가 누군가를 잡아준다는 게 가당키나 할까 하는 생각을 끊임없이 한다. 하지만 역으로 내가 흔들리는 마음이 들때마다 남들을 도와주면서 힘을 얻고 있다. 어쩌면 내 쓸모를 그 속에서 찾고 있는지도 모르겠다. 그래서 이 일도 게을리할 수 없다.

네 번째는 남편이자 아빠다. 굳이 이게 직업이냐고 반문할 수도 있겠지만 이 또한 포기할 수 없는 중요한 일이라고 생각한다. 아이들이 커갈수록 예전에 비해 육아에 대한 부담은 많이 줄었지만 아직까지는 여전히 이 일에 많은 에너지를 쏟고 있다. 가족을 위한다는 것은 분명 나에게 필요한 일이고 이 일을 통해 내가 얻는 게 많으니. 이 일 또한 나를 규정하는 데 있어 없어서는 안 될 타이틀이다.

이렇게 많은 일들을 어떻게 다 하느냐고 묻는 분들이 종종 있다. 시간 관리를 잘해서 효율적으로 한다고 그래서 전혀 힘들지 않다고 말하고 싶지만 그렇지는 못하다. 솔직히 말해 버겁기도 하고 힘들 때도 많다. 가끔은 가랑이가 찢어지는 건 아닌지 걱정이 되기도 한다. 하나라도 내려놓지 못하는 나를 스스로 원망할 때도 있다. 특히 몸이 말을 안 들을 때는 더더욱 그런 감정에 휩싸인다. 하지만 나는 N잡러 타이틀을 당분간 내려놓고 싶지 않다. 나를 믿고 조금은 더 버텨보고 싶다. 이 과정에서 시간을 효율적으로 쓰면서 에너지를 관리하는 방법을 터득한다면, 힘들다는 생각은 좀더 나아지지 않을까 생각한다.

"하나의 일에 전부를 쏟아붓지 않는 것, 스스로를 궁지로 내몰지 않는 것이 중요합니다."

『나를 지키며 일하는 법』을 쓴 재일 정치학자 강상중 교수가 어느 인터뷰에서 한 말이다. 직장에 전부를 쏟지 않고 여러 개의 정체성을 갖고 사는 것, 그것이 후회 없이 나를 지키며 살아가는 방법이라고 말했다. 나는 이 말이야말로 지금 시대에 딱 맞는 말이라고 생각한다. 이 인터뷰 기사를 읽으며 나 또한 스스로를 궁지에 몰아넣지 않고 지켜가고 싶다는 바람을 갖게 됐다. 그런 의미에서 N잡러라는 말은 나를 지키는 중요한 타이틀이다. 그래서 때로는 이 타이틀이 버겁고 힘들더라도 놓치지 않으려 한다.

나는 평생 좋아하는 일을 하면서 적당한 정도의 돈도 벌고 싶다. 물론 그 양이 만족할 만한 수준이 될지 모르겠지만 그렇게 평생 일하면서 사람들과 부대끼며 좋은 영향력을 주고받고 싶은 게 나의 바람이다. 80세가 되어서도, 아니 100세가 되어서도 현역으로 살고 싶다면 과욕이려나? 그래도 욕심을 부리고 싶다. 그것이 나를 지키며 일하는 방법이고 많은 이들이 바라는 경제적 자유를 얻는 방법이라고 생각한다. 꼭 돈을 많이 벌고 수입이 고정적으로 매월 꽂히는 것만이 경제적 자유는 아니다. 내가 좋아하는 일을 하면서 꾸준한 수입을 얻는 것 또한 경제적 자유다. 그런 점에서 나를 돌아보게 도와준 수많은 사람들과 매년 써 온 버킷리스트가 참 고맙다. 덕분에 나에 대해서 더 잘 알게 되었고, 내가 무엇을 하며 살아야 할지 잘 알게 되었으니 말이다. 그래서 나는 지금 누구보다도 행복하다.

〰〰〰〰〰

죽기 전에 후회하지 않으려면

"다른 일을 하고 싶다면, 지금 당장 시작하라. 새로운 사랑을 하고 싶다면, 바로 지금 시도하라."

책 『죽을 때 후회하는 스물다섯 가지』를 읽으며 죽음을 앞둔 다양한 사람들의 이야기를 접했다. 1,000명의 죽음을 지켜본 호스피스 전문의가 쓴 이 책은 사람들이 죽음에 임박해서는 어떤 것들을 아쉬워하고 후회하는지를 알려준다.

책을 읽으며 마주한 여러 후회 중에서 내 눈길을 끈후회는 '진짜 하고 싶은 일을 했더라면'이다. 한 번뿐인인생에서 하고 싶은 일을 하지 못한 채 생을 마감하는 것처럼 아쉬운 일이 있을까? 그래서인지 당장 시작하라는 작가의 말이 허투루 들리지 않는다. 하고 싶은 일을 하지 못해 후회하며 죽는 사람은 그나마도 나은 사람이다. 죽음을 앞두고도 하고 싶은 일이 뭔지 모른 채 생을 마감한다면 그것만큼 슬픈 일이 또 어디 있겠는가. 그러나 주변을 둘러보면 여전히 하고 싶은 일을 찾지 못해 방황하거나, 그럴 엄두조차 내지 못하는 사람들이 많다. 특히 사회가 정한 경로를 열심히 따라온 직장인일수록 스스로 무엇을 원하는지, 자기가 어떤 사람인지 잘 알지 못한다. 그들은 하라는 대로 열심히 공부해서 대학에 갔고 취직했을 뿐인데, 뒤늦게야 그게 자신이 원하는 진짜 삶이 아닌 것 같아 혼란스러움에 빠진다.

죽기 전에 후회하지 않으려면, 지금이라도 내가 하고 싶은 일이 무엇인지 애써 찾아야 한다. 물론 단번에 찾기란 쉽지 않다. 나를 탐구한다고 해서 금도끼, 은도끼처럼 뚝딱하고 나오는 것은 아니다. 하지만 열 번 찍어서 안 넘어가는 나무가 없다는 속담처럼 계속해서 시도해보고 도전하다 보면 그 속에서 발견할 수 있는 것이 분명히 있다. 맞고 안 맞고 떠나 그 시간이 공중으로 사라지진 않는다.

매년 100개의 버킷을 썼던 나의 경험은 하고 싶은 일을 찾고, 또 그것을 해볼 수 있게 도와준 고마운 경험이다. 꼭 내가 원하는 것을 찾겠다는 비장한 마음으로 100개를 썼던 것은 아니었다. 가벼운 마음으로 하나씩 썼던 것도 많았다. 그렇게 비장함과 가벼움이 한데 섞인 버킷을 썼고, 지금은 버킷쓰기가 내 인생의 소중한 무기가 되었다. 나는 이 무기를 몇몇 지인들하고만 나누고 싶지 않다. 더 많은 사람들이 버킷리스트를 써보는 시간을 가졌으면 좋겠다. 100개를 다 채우면 좋겠지만 그게 안 되면 50개 만이라도, 그것도 어렵다면 30개 만이라도 써 봤으면 좋겠다. 어쩌면 마법 같은 일이 벌어질지도 모른다. 나비의 날갯짓이 큰 변화를 이끄는 것처럼 하고 싶은 일을 써본다는 것만으로도 삶의 궤도가 수정될지 아무도 모를 일이다.

버킷리스트 워크숍을 마무리하면서 함께한 분들에게 행복에 대해 물어본 적이 있다. 언제 행복감을 느끼느냐는 질문에 사람들의 대답을 모아보았더니 크게 세 단어로 요약되었다. 성취, 효능감, 같이. 이는 행복은 좋아하는 사람들과 '함께' 자신이 계획한 여러 일들을 하나씩 '이루면서' 느끼는 '효능감'이다, 라는 것을 뜻한다. 우리는 크고 대단한 어떤 것이 아니라 작고 사소한 것을 실천했을 때, 그리고 주변에서 나를 응원해주는 사람과 함께 할 때, 기분 좋은 감정을 느낀다. 그래서 '행복은 강도가 아니라 빈도다'라는 말처럼 작은 행복감을 켜켜이 쌓아가는 것이 중요하다.

몇 년 전까지만 해도 나에게 행복이란 크고 거창한 것이어야 한다는 압박감이 있었다. 좋은 대학교에 입학하고, 좋은 직장을 얻고, 회사에서 승진할 때 얻는 성취감. 그리고 좋은 사람을 만나 결혼해서 아이를 낳고 집을 장만하고 돈을 많이 벌어서 경제적 풍요로움을 느낄 때 얻는 만족감. 사람들이 내가 하는 프로젝트의 가치를 알아봐 주고 내가 하는 일이 사람들에게 큰 영향을 줄 때 느끼는 인정 욕구. 이런 것들이야말로 행복을 이루는 중요한 요소라 여겼다. 그래서 행복의 무게감이 꽤 컸다. 무거운 행복을 위해 현재를 희생하는 것을 당연한 일이라 생각했다. 성취를 이루고 풍요로운 삶을 살며 인정받기 위해서는 다소 힘들더라도 악착같이 버티는 것이 필요하다고 생각했다.

하지만 버킷리스트를 쓰기 시작하고서부터는 행복에 대한 생각이 조금씩 바뀌었다. 내가 계획했던 일들을 실천에 옮기는 과정에서 성취감을 느꼈고 잠자던 나의 열정이 깨어났다. 무기력하게 소파와 한 몸으로 지냈던 내가 에너지 넘치는 삶을 살 게 된 것 또한 하나씩 쌓인 성취감 덕분이라 할 수 있다. 성취 경험은 일상에서 수시로 행복을 느끼게 해주었고 별거 아닌 일에도 감사한 마음을 갖게 해주었다.

"행복이란 오로지 일상을 위한, 일상에 의한, 일상의 행복이다. 행복에는 사교육도 신비로운 묘약도 없다. 행복은 그저 일상의 삶을 잘 살아가는 것."

얼마 전 읽은 최인철 교수의 『아주 보통의 행복』에서 마주한 문장이다. '그저' 일상을 잘 살아가는 것에서 행복을 찾을 수 있다는 말에 행복의 평범함에 대해 생각해 볼 수 있었다. 물론 평범한 일상을 잘 사는 것조차 어려운 시대인 것은 분명하다. 코로나로 옴짝달싹 못하게 된 상황에서 크고 작은 사건들은 우리의 일상을 위협할 때도 많았다. 그럼에도 불구하고 나는 많은 사람들이 평범한 일상에서 마주하는 작은 행복을 계속해서 발견했으면 좋겠다.

버킷리스트 쓰기가 바로 그 첫 출발점이 될 수 있다. 자신을 돌아보고, 그 속에서 하고 싶은 일을 발견하고, 발견한 것들을 실천하면서 행복을 느껴보길 바란다. 소소한 일상의 행복 말이다.

2021년 버킷리스트

〰〰〰〰〰

* 아래는 2021년이 시작될 때 작성한 저의 버킷리스트입니다. 참고하세요.

1. 두 번째 책 잘 만들어서 10월 전까지 완료하기!

2. 세 번째 책 계약하기

3. 첫 번째 책 3쇄 찍기

4. 책 1만 부 이상 팔기

5. 강원국 작가님, 김민식 피디님과 북 토크하기

6. 교보문고에서 북 토크하기

7. 기업, 단체에서 부름을 받아 북 토크하기

8. 세바시 출연하기 (기왕이면 청중이 있는 자리로)

9. 누군가의 출간 도와드리기

10. 휴직자 인터뷰 이야기 독립 출판하기

11. 남성들의 글쓰기 모임 확대 운영하기

12. 내 책 10권 선물하기

13. 장기하에게 추천사 받기

14. 내년에도 1일 1포스팅 쉬지 말고, 꾸역꾸역 해보기

15. 인세 말고 글쓰기로 돈 벌어보기

16. 페이스북에 내 글 52번 소개하기 (주 1회)

17. 2021년에는 2,050km 달리기

18. 풀코스 재도전 sub 4 달성하기

19. 부산 해운대에서 달리기

20. 해외 마라톤 대회를 위해 비행기 티켓 끊기 (for 2022년)

21. 러닝화 2개 사기

22. 새로운 사람과 새로운 코스 달려보기

23. 다시 수영 시작하기

24. 달리기 모임 멤버들과 대회 같이 나가기

25. 아이들과 마라톤 대회 참가하기

26. 버킷리스트 워크숍 50회 하기

27. 대학생 대상 강의하기

28. 시니어 대상 꿈 찾기 프로젝트

29. 부수입으로 1천만원 벌기

30. 회사 내 휴직자 지원 프로그램 만들기

31. 버킷리스트 외의 프로젝트로 강의 제안받기

32. 누군가의 인터뷰이 되기

33. 온라인 글쓰기 강의 열기

34. 걷기, 달리기, 글쓰기 모임 일 년 내내 운영하기

35. 변실모분들 지역에 가서 한 분 이상 뵙고 오기

36. 행사 사회 보기

37. 세바시 출연하기

38. 김미경TV 출연하기

39. TV 출연하기

40. 온라인 독서모임 책수다 열기

41. 공중파 라디오 DJ 되기

42. 키워드 3개 구체화하기

43. 10명 강의하게 하기

44. 1:1 상담 10명 이상 하기

45. 회사에서 동호회 만들기

46. 오프라인 송년회 하기

47. 매일 물 끓여 먹으며 생수 줄이기

48. 환경보호 기술 활용 제품 구매하기 (1개 이상)

49. 환경 테마주 주식 100만 원 정도 보유

50. 플라스틱 비닐 커버 떼고 버리는 습관 들이기

51. 한 달 이상 채식하기

52. 아이들과 4박 이상 여행하기

53. 소백산 천문대가기

54. 아이들에게 엄마 생일 선물 챙겨주기

55. 아이들 사진첩 만들기(캐나다 여행 때 거라도)

56. 놀이동산 가기

57. 5회 캠핑 가기

58. 아이들에게 5회 이상 편지쓰기

59. 아내와 남산 일출 보러 가기

60. 워터파크 가기

61. 한 번 더 호캉스 하기

62. 기타 배우기 (한 곡이라도)

63. 서울 둘레길 코스 한 코스 이상 걷기

64. 자전거 타고 아이들과 양평까지? 서울 밖이라도

65. 아이들과 옹달샘 스테이하기

66. 아이들과 봉사 활동하기

67. 2022년 비행기 티켓 구매

68. 한드미 마을에 필요한 물건 사서 보내기

69. 부모님과 1박 이상 여행하기 (단양 어때?)

70. 부모님과 야구장 직관하기

71. 양평 이사 가는 처가에 선물 보내드리기

72. 누나들에게 선물하기 (생일 선물, 기프티콘 말고)

73. 캐나다 누나에게 돈 부치기

74. 책 100권 읽기

75. 독서 일지 엑셀로 정리하기

76. 매일 이불 개기

77. 매월 수입과 지출 정리하기

78. 슬픈 영화 5편 보기

79. 헌혈하기

80. 등산 5곳, 좋아하는 사람들과 하기

81. 가족 외 분과 1박 이상 여행하기

82. 오프라인 수업 하나 이상 듣기 (3주 이상짜리)

83. 뮤지컬이든, 콘서트든 하나 이상 보기

84. 나 홀로 제주 워크숍 3박 이상 가기

85. 새로운 곳 국내 여행하기

86. 새로운 퇴사 선배 5명 이상 만나기

87. 슬램덩크 완독 하기

88. 한 달 이상 술 끊기

89. 마스크 벗고 대중교통 이용하기

90. 택시 사고 마무리

91. 자동 납부로 회장 앞에서 발표하기

92. 회사에서 주는 상 한 번 받아보기

93. 회사 직원 상담해 주기 (꿈, 휴직, 퇴사 관련)

94. 인간 본성의 법칙 완독하기

95. 라이언에게 책 선물 보내주기

96. 강원국, 김민식 두 분께 선물 사서 또는 만들어
    서 보내드리기

97. 이종신 부사장님께 도움 드리기

98. 최창수 전무님과 간단한 하루 여행 또는 나들이 가기

99. 휴대전화 안 바꾸기

100. 사고 없이 MT 다녀오기 (김민식 피디님 모임,
     강원국 작가님 모임, 변실모 모임)

결국엔, 자기 발견

어디로 가야 할지 모를 때, 하고 싶은 일 100가지 버킷리스트 쓰기

초판 1쇄 발행 2021년 12월 1일
초판 2쇄 발행 2022년 12월 5일

지은이 최호진
펴낸이 김옥정

만든이 이승현
디자인 페이지엔

펴낸곳 좋은습관연구소
주소 경기도 고양시 후곡로 60, 303-1005
출판신고 2019년 8월 21일 제 2019-000141
이메일 buildhabits@naver.com
홈페이지 buildhabits.kr

ISBN 979-11-91636-12-3

좋은습관연구소에서는 누구의 글이든 한 권의 책으로 정리할 수 있게 도움을 드리고 있습니다. 메일로 문의주세요.